Matthias Dahms

Karriere braucht Kommunikation

Matthias Dahms
Karriere braucht Kommunikation
Über die Kunst sich im Unternehmen optimal zu positionieren

Bibliografische Information der Deutschen Nationalbibliothek
Die Deutsche Nationalbibliothek verzeichnet diese Publikation in der
Deutschen Nationalbibliografie; detaillierte bibliografische Daten sind im Internet über
<http://dnb.d-nb.de> abrufbar.

1. Auflage 2010

Alle Rechte vorbehalten
© Gabler Verlag | Springer Fachmedien Wiesbaden GmbH 2010

Lektorat: Stefanie A. Winter

Gabler Verlag ist eine Marke von Springer Fachmedien.
Springer Fachmedien ist Teil der Fachverlagsgruppe Springer Science+Business Media.
www.gabler.de

Das Werk einschließlich aller seiner Teile ist urheberrechtlich geschützt. Jede Verwertung außerhalb der engen Grenzen des Urheberrechtsgesetzes ist ohne Zustimmung des Verlags unzulässig und strafbar. Das gilt insbesondere für Vervielfältigungen, Übersetzungen, Mikroverfilmungen und die Einspeicherung und Verarbeitung in elektronischen Systemen.

Die Wiedergabe von Gebrauchsnamen, Handelsnamen, Warenbezeichnungen usw. in diesem Werk berechtigt auch ohne besondere Kennzeichnung nicht zu der Annahme, dass solche Namen im Sinne der Warenzeichen- und Markenschutz-Gesetzgebung als frei zu betrachten wären und daher von jedermann benutzt werden dürften.

Umschlaggestaltung: KünkelLopka Medienentwicklung, Heidelberg

ISBN 978-3-8349-2077-5

Vorwort

Krisenzeiten sind Zeiten verstärkten Wettbewerbs. Unternehmen konkurrieren um Aufträge und deren Mitarbeiter engagieren sich im besonderen Maße, um ihr Arbeitsverhältnis abzusichern. In mageren Jahren zeichnet sich aus, wer seine Hausaufgaben macht.

In vielen Unternehmen und Verwaltungen ist karriereorientiertes Verhalten zunehmend erforderlich, um das berufliche Fortkommen zu beflügeln, denn viele gut ausgebildete Menschen streben wenige interessante Positionen an.

Die gute Nachricht lautet: Karriere ist ein planbarer Prozess, den Sie geschickt und aktiv beeinflussen können. Wer rechtzeitig sein berufliches Steuer in die Hand nimmt, kann sich vor unliebsamen Überraschungen schützen.

Dieses Buch führt in Mechanismen ein, mit denen es Ihnen gelingt, sich im Unternehmen besser zu positionieren. Sie erhalten wertvolle Informationen darüber, wie Sie Ihre Karriere sichern und beschleunigen können. Wer zum Beispiel sein Netzwerk pflegt und wer Fähigkeiten besitzt oder erwirbt, die im Unternehmen gebraucht werden, genießt einen effektiven Kündigungsschutz. Wer einen hohen Mehrwert schafft, der kann sich auch in mageren Jahren sicher fühlen, seine Erfolge feiern und beruflich vorankommen.

Erfolg im Beruf erfordert Fähigkeiten, die erlernbar sind. Viele Mitarbeiter verfügen über diese Fähigkeiten sogar, neigen jedoch leider dazu, ihr Licht unter den Scheffel zu stellen. Nicht selten müssen sie dann die Erfahrung machen, dass mittelmäßige Begabungen an ihnen vorbei befördert werden.

Die Entwicklung der eigenen Fachlichkeit bleibt ein entscheidender Faktor, um an der eigenen Karriere auch in Krisensituationen wirkungsvoll zu arbeiten. Wer sich zum Beispiel ein breites Repertoire an gefragten Fähigkeiten aneignet, verfügt über Kompetenzen, die ihn für den Arbeitgeber wertvoll machen. Wer es darüber hinaus versteht, für sich geschickt die Werbetrommel zu rühren, macht seinen Wert anderen Menschen bewusst.

Karrierekommunikation stellt Ihnen ein Instrumentarium zur Verfügung, um Ihre Fähigkeiten durch souveränes Verhalten ins Rampenlicht zu rücken. Sie brauchen exzellentes Selbstmarketing, damit Ihre Leistungen den Entscheidern bewusst werden. Sie brauchen Kontakte, um frühzeitig karriererelevante Informationen zu bekommen und ein Netzwerk von Fürsprechern und Karrierementoren aufzubauen. Außerdem ist die Fähigkeit, sich und seine Leistungen hervorragend zu präsentieren, sehr nützlich. Zusätzlich wird von Ihnen erwartet, dass Sie auch mit Widerstand in Form von Einwänden und Störern souverän und diplomatisch umgehen können. Wer sich selbst karriereorientiert führt, wo entsprechende Impulse der eigenen Führungskraft ausbleiben, hat die Weichen für seine Karriere optimal gestellt.

Ich wünsche Ihnen viel Erfolg bei der Lektüre und der Anwendung auf dem beruflichen Parkett. Es lohnt sich, seine Fähigkeiten karriereorientiert zu entwickeln, denn nach wie vor sind Persönlichkeiten Engpassfaktoren in vielen Unternehmen.

Der Text verwendet die maskuline Wortform (Mitarbeiter, Chef, Kollege). Die Bezeichnung bezieht die weibliche Form mit ein und wurde aus Gründen der vereinfachten Lesbarkeit gewählt.

Herzlichen Dank an alle, die mich zu diesem weiteren Buch inspiriert und ermutigt haben. Nur durch die freundliche Hartnäckigkeit meiner Umgebung sind viele Gedanken und Erfahrungen aus der Beratung, den Seminaren und den Vorträgen zu Papier gebracht worden. Ein Dank auch an diejenigen, die mich bei der Arbeit mit den Texten und der Recherche unterstützt haben. Insbesondere danke ich meiner Frau Katja, die viele Anregungen beigesteuert hat. Nur durch ihre Mithilfe ist dieser umfassende Ratgeber zur Karrierekommunikation entstanden. Außerdem danke ich meinem Trainerteam, das in mancher nächtlichen Diskussion nicht müde wurde, um passende Formulierungen zu ringen.

Leingarten, im Februar 2010   Matthias Dahms

Inhaltsverzeichnis

Vorwort _____ 5

1. Karriere braucht Kommunikation _____ **13**

1.1 Was ist Karrierekommunikation _____ 13
1.2 Ist-Analyse zum Instrumentarium
    der Karrierekommunikation _____ 14
1.3 Von positiver Stimmung, Zuversicht und Selbstvertrauen ____ 23

2. Karriere braucht Selbstmarketing _____ **25**

2.1 Mehrwert schaffen: Ziel des betrieblichen Handelns _____ 26
2.2 Fachwissen als Eintrittskarte _____ 28
2.3 Mit Abhängigkeit umgehen lernen _____ 30
2.4 Mehr als den Anforderungen genügen _____ 34
2.5 Engpassfähigkeiten entwickeln _____ 39
2.6 Delegieren oder selber machen _____ 41
2.7 Der Zeit voraus sein _____ 43

3. Karriere braucht Kontakte _____ **45**

3.1 Sein eigenes Netzwerk knüpfen und pflegen _____ 45
3.2 Hemmungen beim Erstkontakt überwinden _____ 51
3.3 Gebote für den erfolgreichen Erstkontakt _____ 61
3.4 Verbote für den erfolgreichen Erstkontakt _____ 74
3.5 Netzwerke im Internet _____ 79
3.6 Kontakte beruflich nutzen _____ 80

4. Karriere braucht Präsentation — 85

- 4.1 Aufbau einer Präsentation — 86
- 4.2 Sicheres Auftreten vor Publikum — 89
- 4.3 Umgang mit Lampenfieber — 98
- 4.4 Verhaltensempfehlungen in Blackout-Situationen — 104
- 4.5 Mit Störungen sicher umgehen — 111

5. Karriere braucht Schlagfertigkeit — 117

- 5.1 Schlagfertigkeit bringt Souveränität — 117
- 5.2 Einige Techniken der Schlagfertigkeit — 120
- 5.3 Mut zur schlagfertigen Reaktion — 149
- 5.4 Der Weg zur spontanen Reaktion — 153
- 5.5 Unterscheidung: Angriffe und Einwände — 156
- 5.6 Einwandkartei: Überforderung durch Planung ersetzen — 158

6. Karriere braucht Führung — 161

- 6.1 Sich selbst karriereorientiert führen — 161
- 6.2 Vom Umgang mit dem Chef — 164
- 6.3 Die Rolle der Karrierementoren — 165
- 6.4 Im Team geht es leichter — 166

7. Karriereentscheidende Situationen sicher bewältigen — 169

- 7.1 Die ersten beiden Monate im Unternehmen — 170
- 7.2 Sein eigener Personalentwickler sein — 171
- 7.3 Empfehlungen zum karriereorientierten Gesprächsverhalten — 180
- 7.4 Wenn der Arbeitsplatz unsicher wird — 191
- 7.5 Die letzten beiden Wochen im Unternehmen — 194

Schlussbemerkung — **197**

Abbildungsverzeichnis	199
Tabellenverzeichnis	201
Literaturverzeichnis	203
Der Autor	205
Stichwortverzeichnis	206

1. Karriere braucht Kommunikation

Karriere wird von Menschen gemacht und Menschen kommunizieren miteinander. Ob Sie schreiben, lesen oder sprechen, Kommunikation ist das Material, aus dem Ihre Karriere besteht. Karriere und Kommunikation sind untrennbar miteinander verbunden.

1.1 Was ist Karrierekommunikation

Karrierekommunikation befasst sich mit der Bewältigung von beruflich entscheidenden Situationen. Sie will aufzeigen, welche Verhaltensweisen eine Karriere befördern. Gleichzeitig sensibilisiert sie für Handlungsweisen, die die berufliche Entwicklung behindern oder gar unmöglich werden lassen.

Karrierekommunikation gibt Ihnen darüber hinaus Hilfestellung bei der optimalen Positionierung im Unternehmen. Denn nur wenn Ihre Fähigkeiten und Kompetenzen an der richtigen Stelle eingesetzt werden, entwickelt sich der maximale Nutzen für Sie und für das Unternehmen. Erst damit sind die Voraussetzungen geschaffen, um nachhaltig Karriere zu machen.

Wenn Sie dieses Instrumentarium sicher handhaben und dadurch in wichtigen Situationen souverän, kompetent und zuverlässig für sich und andere punkten, bauen Sie ein positives Image auf, machen auf sich aufmerksam und empfehlen sich für verantwortungsvollere Aufgaben.

1.2 Ist-Analyse zum Instrumentarium der Karrierekommunikation

Dieses Buch bietet Ihnen konkrete Anregungen in den beruflich entscheidenden Verhaltensbereichen. Die dargestellten Fähigkeiten dienen Ihnen als Basis, um auf sich aufmerksam zu machen, wichtige berufliche Weichen richtig zu stellen und schwierige Situationen gewinnend zu meistern. Gleichzeitig können Sie dieses Kapitel nutzen, um für sich eine Ist-Analyse zu den Werkzeugen der Karrierekommunikation durchzuführen. Der nachhaltige Erfolg im Berufsleben wurzelt hauptsächlich in folgenden Bereichen:

Kompetenzen entwickeln

Fähigkeiten aufzubauen und aktuell zu halten, ist die erste Pflicht für alle, die Karriere machen wollen. Dabei lassen sich drei Kompetenzbereiche unterscheiden. Die fachlichen Kompetenzen beinhalten das Wissen, das gebraucht wird, um seine Aufgaben zu bearbeiten. Die sozialen Kompetenzen sind die Fähigkeiten, die im Umgang mit anderen Menschen wichtig sind: Mitarbeiter, Führungskräfte, Kollegen, Kunden. Die methodischen Kompetenzen sind Techniken, Strategien und Arbeitsweisen, die genutzt werden, um berufliche Situationen zu bewältigen.

Wichtig ist es dabei für Sie, sich auf die zukünftigen Trends und Entwicklungen in Ihrem Unternehmen und in Ihrer Branche frühzeitig einzustellen.

Wenn wir Menschen nach ihren Kompetenzen fragen, kommen Antworten nach längerem Überlegen meist eher zögerlich. Ein Grund dafür liegt darin, dass sich die Befragten mit ihren Kompetenzen vorher wenig beschäftigt haben. Damit entziehen sich die Kompetenzen auch weitgehend der bewussten Entwicklung. Wer sich gezielt entwickeln will, muss wissen, was er kann und was er in Zukunft können will. Erstellen Sie deshalb eine Ist-Analyse Ihrer Kompetenzen und Ihrer Lernfelder. Folgende Tabelle soll Sie dabei unterstützen:

Tabelle 1: Ist-Analyse der eigenen Kompetenzbereiche

meine fachlichen Kompetenzen:	
Darüber verfüge ich zurzeit:	Darüber möchte ich verfügen:
•	•
•	•
•	•

meine sozialen Kompetenzen:	
Darüber verfüge ich zurzeit:	Darüber möchte ich verfügen:
•	•
•	•
•	•

meine methodischen Kompetenzen:	
Darüber verfüge ich zurzeit:	Darüber möchte ich verfügen:
•	•
•	•
•	•

Selbstmarketing aktiv betreiben

Ein erstklassiges Produkt lässt sich hervorragend bewerben. Wer gefragte Fähigkeiten hat, kann diese auch profitabel vermarkten.

Die Vermarktung eigener Leistungen ist jedoch keine Selbstverständlichkeit. Vor einiger Zeit stellte sich ein Architekt im Seminar vor und erzählte, dass er gerade sechs Wochen in Australien gewesen sei. Ich dachte, dass er gut im Geschäft sein müsse, um sich einen solchen Aufenthalt leisten zu können. Im Smalltalk stellte es sich jedoch heraus, dass das Gegenteil der Fall war. Er sagte, dass sein Gewerbe nicht genug abwerfe und er sich deshalb in Australien um einen Arbeitsplatz bemüht hätte. Wenige Wochen später war wieder ein Architekt im Seminar, der in der Vorstellungsrunde darum bat, sein Handy anlassen zu dürfen, denn er habe heute zwei Bauabnahmen und er müsse erreichbar sein. Gerade aufgrund der Erfahrungen mit dem ersten Architekt sprach ich den zweiten vorsichtig darauf an, wie seine Geschäfte laufen. Er reagierte verblüffenderweise vollkommen anders als der erste. Er sei sehr gut im Geschäft, habe zwölf bis fünfzehn Bauten parallel. Das gäbe ihm die Möglichkeit, Aufträge in seinem Kollegennetzwerk weiterzugeben. Erstaunt erzählte ich ihm von dem ersten Architekt und bat um eine Einschätzung. Er sagte: „Ja, ja davon gibt es ganz viele. Die tun das Falsche, die sitzen zuhause rum und planen vor sich hin. 70 Prozent meiner Zeit verbringe ich mit Marketing, Kontaktpflege und Verbandsarbeit."

Trommeln Sie geschickt für sich und Ihre Sache, machen Sie auf sich aufmerksam. Übernehmen Sie Verantwortung und zeigen Sie, was Sie können. Wer aus dem Schatten heraustritt, wird gesehen und kann sich bewähren. Die Zeitgenossen, die ein Schattendasein fristen, bekommen dazu nicht die Chance.

Die folgende Checkliste in Tabelle 2 hilft Ihnen, wichtige Einstellungen zum Selbstmarketing zu überprüfen. Ein „Ja" wirkt sich positiv auf Ihr

Selbstmarketing aus, ein „Nein" wird Sie eher davon abhalten, für Ihre eigene berufliche Karriere aktiv die Werbetrommel zu rühren.

Tabelle 2: Persönliche Einstellungen zum Selbstmarketing

Checkliste zum Selbstmarketing	Ja	Nein
Ich weiß, was ich kann und wo meine Grenzen sind. Ich arbeite an meinen Grenzen. Mir ist bewusst, dass ich ein Gehalt bekomme, wenn ich durch meine Arbeit einen Mehrwert erziele.		
Ich weiß, welche Unternehmen für mich infrage kommen, wie sie am Markt positioniert sind und weshalb sie mich brauchen.		
Ich verstehe mich als Unternehmer im Unternehmen. Aufwand und Ertrag sind Leitgrößen für mein Handeln im Unternehmen.		
Ich kommuniziere anschaulich und sehr genau, welche besonderen Vorteile einer Organisation aus meiner Mitarbeit erwachsen.		
Mein Auftreten entspricht dem Bild, das sich die Umwelt vom idealtypischen Vertreter meines Berufsstands macht.		
Meine Kommunikation macht klar, welche Ziele mit mir und dank meiner Arbeit leichter, kostengünstiger, schneller, sicherer und besser erreicht werden können.		
Ich habe meinen Stundensatz, meinen Monatsverdienst und mein Jahresgehalt im Kopf. Ich weiß, was meine Leistung kostet.		

Checkliste zum Selbstmarketing	Ja	Nein
Ich beschäftige mich dauerhaft mit einer Sache, ohne Scheuklappen.		
Ich verliere die Vernetztheit von Organisationen nie aus dem Blick und beachte und nutze mögliche Wechselwirkungen.		
Ich stelle Fragen, um mein Wissen über Menschen und Sachverhalte (Problemstellungen) zu erweitern und dadurch immer besser zu werden.		
Ich kenne die wichtigsten Ziele meiner Führungskraft. Ich erkenne meinen Platz in ihrer Mannschaft an und wie meine Anstrengung zum Geschäftserfolg beiträgt.		
Ich weiß, dass viel davon abhängt, ob ich gut vermitteln kann, wer ich bin und was ich leiste. Deshalb trainiere ich meinen Auftritt und begebe mich in Situationen, in denen ich aktiv eine Rolle spiele.		
Ich verspreche nur, was ich halten kann. Ich erinnere mich an Absprachen und halte sie ein.		
Ich gehe mit meiner Zeit und mit der Zeit meines Gegenübers sehr verantwortungsvoll um.		
Ich bin mir selbst und anderen gegenüber ehrlich.		
Arbeit ist für mich auch immer ein Lernprozess. Ich strebe aktiv danach, mich zu verbessern und meine Kompetenz zu erweitern.		
Ich betreibe gezielte Öffentlichkeitsarbeit in eigener Sache, zum Beispiel durch Verbands- oder Projektarbeit und durch gelegentliche Veröffentlichungen.		

Checkliste zum Selbstmarketing	Ja	Nein
Ich bin über die Erwartungen, die an mich gestellt werden, im Austausch mit meinen Führungskräften.		

Kontakte aufbauen, pflegen und nutzen

Viele Menschen möchten mit Fremden auf dem beruflichen Parkett leicht und charmant ins Gespräch kommen. Sie wollen eine sympathische Gesprächsatmosphäre aufbauen, Verbindungen knüpfen und Geschäfte anbahnen. Schätzen Sie anhand der Checkliste ein, wie gut Sie Beziehungen aufbauen, pflegen und beruflich verwerten.

Tabelle 3: Checkliste zu Kontaktaufbau und -pflege

Checkliste zur Arbeit mit Kontakten	Ja	Nein
Ich bin bestrebt, neue Menschen kennenzulernen, sowohl beruflich als auch privat.		
Ich fühle mich im Kontakt mit Menschen wohl.		
Ich baue eine angenehme Gesprächsatmosphäre auf.		
Ich bin mit den gängigen Umgangsformen auf dem geschäftlichen Parkett vertraut.		
Ich trachte danach, anderen nützlich zu sein, und erzeuge so Dankbarkeit und Verbundenheit.		
Ich pflege die Verbindung zu Menschen, mit denen ich ein Stück weit gemeinsam den beruflichen Weg gegangen bin.		
Ich handle im Beruf und privat stets so, dass alle, die mit mir zu tun (gehabt) haben, mich Dritten weiterempfehlen.		

	Ja	Nein
Ich kenne Strategien, um diese Kontakte beruflich zu nutzen.		

Ich werden Ihnen Strategien aufzeigen, mit denen Sie aufgebaute Kontakte pflegen. Diese werden dadurch reifen und tragfähiger werden. Außerdem wird es darum gehen, wie Sie Ihre Karriere mithilfe dieser Kontakte entwickeln können.

Sich und seine Leistungen exzellent präsentieren

Gehen Sie mutig ungewöhnliche Wege. Heben Sie sich ab von der Power-Point-Norm. Zeigen Sie Emotionen und Engagement, denn das wird von Ihnen erwartet. Selbst bei Störern, Blackout oder Einwänden bleiben Sie souverän.

Tabelle 4: Checkliste zu Ihren Präsentationsfähigkeiten

Checkliste zu Ihren Präsentationsfähigkeiten	Ja	Nein
Ich strahle körpersprachlich Sicherheit aus, auch wenn sich die Zuhörer anders als erwartet verhalten.		
Ich bleibe mit meiner Präsentation in Erinnerung.		
Sollte mir mal der Faden reißen, weiß ich, was zu tun ist.		
Ich bin argumentativ sattelfest, weil ich Fachkompetenz mit Überzeugungskraft verbinden kann.		
Mit Störern gehe ich so um, dass die Zuhörer arbeitsfähig bleiben.		
Ich spreche flüssig und einprägsam.		
Ich spreche nur so lange wie nötig.		

	Ja	Nein
Ich bin mit der Handhabung der gängigen Medien vertraut.		

Dieses Buch zeigt Ihnen einen Weg zu sicherem und sympathischem Auftreten. Sie wirken durch eine flüssige Sprechweise kompetent und erfahren. Begeistern und überzeugen Sie Menschen durch mitreißende Formulierungen, die die Bedürfnisse der Zuhörer ansprechen. Gerade beim Umgang mit Störern und Blackout unterscheidet sich der Amateur vom Profi. Der Amateur ist oft unangemessen in der Wahl seiner Mittel, der Profi orientiert sich an der Arbeitsfähigkeit der Zuhörer.

Der schlagfertige Umgang mit Äußerungen des Gegenübers

Vielen Menschen fällt immer erst viel später ein, was sie Tolles hätten sagen können. Das ist im beruflichen Umfeld besonders ärgerlich, denn leider ist der Karrierezug dann meist schon abgefahren – ohne sie. Auch hier lohnt es sich wieder, eine Analyse Ihrer gegenwärtigen Situation durchzuführen:

Tabelle 5: Checkliste zur eigenen Schlagfertigkeit

Checkliste zur eigenen Schlagfertigkeit	Ja	Nein
Ich erlebe seltener als zweimal pro Woche Situationen, die mich sprachlos machen.		
Mir fallen die passenden Reaktionen ein, um in der Situation reagieren zu können.		
Ich übe regelmäßig, um meine Wortfindungsfähigkeiten zu verbessern.		
Ich besitze eine Strategie, um mit den Situationen, die mich kommunikativ überfordern, lernend umzugehen.		

Checkliste zur eigenen Schlagfertigkeit	Ja	Nein
Ich kenne die zehn häufigsten Einwände und Angriffe meiner beruflichen Umwelt.		
Ich habe entsprechende Antworten zu den häufigsten Einwänden und Angriffen vorbereitet.		

Sie werden nachfolgend in erfolgreiche Techniken der Schlagfertigkeit eingeweiht. Dadurch finden Sie auch in heiklen Situationen die Wörter, die Sie brauchen, um das zu sagen, was Sie sagen wollen. Dieses Buch zeigt Ihnen auch, wie Sie Ihre spontane Reaktionsfähigkeit verbessern können. Dadurch können Sie kritische Einwände und Angriffe meistern und dort überzeugend auftreten, wo Kollegen in Sprachlosigkeit verharren.

Führen und sich führen lassen

Wer im Unternehmen Karriere machen möchte, braucht einflussreiche Förderer. Meist sind dies selbst Führungskräfte höherer Ebenen, die auf das Potenzial von Mitarbeitern aufmerksam wurden oder gemacht wurden. Wer Führungskräfte auf sich aufmerksam machen will, muss sich führen lassen und im hohen Maße Eigenverantwortung übernehmen.

Zusätzlich gilt in unseren vernetzten Unternehmenskulturen häufig, dass betriebliche Ziele durch Mannschaftsleistungen erreicht werden. Achten Sie deshalb darauf, dass Ihre Leistungen innerhalb der Mannschaft markant sind und gesehen werden. Ihre Führungskraft sollte immer wissen, welches Ihr Beitrag innerhalb der Mannschaftsleistung ist. Sie erhalten Strategien, durch die Sie gleichzeitig ein gutes Teammitglied sind und durch bemerkenswerte Einzelleistungen Profil gewinnen.

Wer sich in diesen Bereichen konsequent entwickelt, wird Schritt für Schritt auf sich aufmerksam machen, seine Stellung im Unternehmen verbessern und Sprosse für Sprosse die Karriereleiter hinaufsteigen.

1.3 Von positiver Stimmung, Zuversicht und Selbstvertrauen

Der ewig nörgelnde Miesepeter, der in jeder noch so schmackhaften Suppe ein Haar findet, wird kaum Menschen um sich scharen, begeistern und Karriere machen. Der Pessimist wird eher gemieden, man mag ihn nicht und seine heruntergezogenen Mundwinkel.

Verbreiten Sie stattdessen eine konstruktive Stimmung bei Ihren Kollegen und Vorgesetzten. Halten Sie sich dabei an folgende Empfehlungen:

▶ Vergegenwärtigen Sie sich Ihre beruflichen Stärken, und vertrauen Sie auf sich und auf Ihre Fähigkeiten. Machen Sie sich bewusst, welche beruflichen Situationen Sie dadurch besonders gut bewältigen können.
▶ Treffen Sie verbindliche Absprachen mit Ihren Mitarbeitern, Kollegen und Führungskräften. Räumen Sie diesen Vereinbarungen die zugesicherten Prioritäten ein.
▶ Weichen Sie nur nach vorheriger Absprache mit den Betroffenen davon ab. Dadurch baut sich sehr schnell ein Image von hoher Zuverlässigkeit auf.
▶ Praktizieren Sie einen Arbeitsstil, der auf die wirksame Gestaltung der Zukunft gerichtet ist. Packen Sie zuversichtlich die Missstände an und lösen Sie zügig die anstehenden Probleme.
▶ Stecken Sie sich Ziele, die Sie mit einem zügigen Arbeitsstil erreichen können.
▶ Gehen Sie mit den zur Verfügung gestellten Ressourcen verantwortungsvoll um.

- ▶ Sprechen Sie optimistisch über Ihre Aufgaben, Ihre Erfolge.
- ▶ Wertschätzen Sie Leistungen von Kollegen, Mitarbeiter, Vorgesetzte und Kunden. Seien Sie hilfsbereit, ohne sich ausnutzen zu lassen.
- ▶ Motivieren Sie andere, Ihnen zu helfen.

Durch ein hohes Maß an Verbindlichkeit und Verlässlichkeit verbreiten Sie ein positives Arbeitsklima. Kollegen werden Sie bereitwillig unterstützen, wenn Sie erzielte Erfolge mit dem Team teilen.

2. Karriere braucht Selbstmarketing

Unter dem Begriff Marketing versteht man einen Teilbereich der Betriebswirtschaftslehre, der die Ausrichtung eines Unternehmens auf die Bedürfnisse des Marktes zum Gegenstand hat. Beziehen wir den Marketingbegriff nicht auf die Beziehung eines Unternehmens zu seinem Markt, sondern auf einen Mitarbeiter zu dem Unternehmen, in dem er arbeitet, ergibt sich der Inhalt des Begriffes Selbstmarketing:

> Selbstmarketing ist die Ausrichtung der persönlichen Fähigkeiten und Eigenschaften auf die Anforderungen einer Stelle oder eines Unternehmens. Selbstmarketing schließt auch die Strategie mit ein, auf sich aufmerksam zu machen und sich in seinem Unternehmen so zu positionieren, um mit seinen Fähigkeiten einen größtmöglichen Nutzen zu schaffen.

Unterscheiden Sie bei Ihrer Karriereplanung zwei Strategien nach der Fristigkeit. Bei einer kurz- und mittelfristigen Karriereperspektive geht es um die gegenwärtigen beruflichen Anforderungen. Bei einer langfristigen Ausrichtung der Karriereüberlegungen werden die zukünftigen Anforderungen stärker in den Fokus der beruflichen Entwicklung gerückt. Geschicktes Selbstmarketing hat demnach zum Ziel, die aktuell geforderten Leistungen zu erbringen und leicht zu übertreffen. Darüber hinaus sollten Sie ein Gespür für die Trends und Entwicklungen Ihrer Branche ausbilden, um sich langfristig optimal darauf einzustellen.

Viele Menschen leben in der falschen Vorstellung, dass gute Qualität bei der Arbeit ausreicht, um die Karriereleiter emporzuklimmen. Oft werden diese durchaus pflichtbewussten Arbeitnehmer enttäuscht, wenn ein mittelmäßig begabter Kollege an ihnen vorbei befördert wird. Frustriert bilden sich dann leistungsfeindliche Einstellungen wie: „Ich reiße mir für den Laden beide Beine aus und keiner bemerkt es. Die werden schon sehen, was sie davon haben. Jetzt mache ich erst einmal Dienst nach Vorschrift." Auf diesem brüchigen emotionalen Fundament wird es schwer, motiviert gute Leistungen im Unternehmen zu kommunizieren und sich dadurch für höhere Aufgaben zu empfehlen.

2.1 Mehrwert schaffen: Ziel des betrieblichen Handelns

Lassen Sie uns einen kleinen Ausflug in die Grundzüge der Betriebswirtschaft unternehmen. In unserer marktwirtschaftlich ausgerichteten ökonomischen Welt dient ein Unternehmen dazu, Gewinne zu erzielen. Diese Gewinnerzielungsabsicht bestimmt das unternehmerische Handeln, unabhängig davon, welcher Art der Geschäftsbetrieb ist. Ein Unternehmen kann man sich vereinfachend vorstellen als eine Blackbox, in die Input hineinfließt und Output herauskommt. In diesem vereinfachten Modell ergibt sich der Mehrwert, den das Unternehmen schafft, aus der Differenz zwischen Erlösen und Kosten.

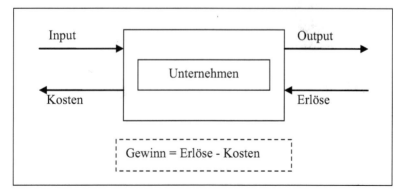

Abbildung 1: *Grafische Darstellung des Unternehmens*

Mehrwert schaffen: Ziel des betrieblichen Handelns 27

Die Arbeitnehmer bringen ihre Leistungsfähigkeit als Input ein und verursachen dadurch Kosten in Form von Gehalts- und Prämienzahlungen. Das Handeln des Mitarbeiters bewirkt gleichzeitig einen Output, der am Markt einen Verkaufserlös erzielt.

Dieses einfache Grundmodell beinhaltet in der Praxis einige Tücken. Zunächst ist die Erzielung des Erlöses mit Unsicherheit behaftet. Es ist unsicher, ob der Kunde das Produkt annimmt und den gewünschten Preis zu zahlen bereit ist. Gerade in der jüngsten Vergangenheit haben viele Unternehmen erfahren müssen, dass selbst langjährige fest vertraglich vereinbarte Lieferverträge auch mit deutlichen Risiken behaftet sind. Dieser Unsicherheit auf der einen Seite steht die Sicherheit des Kostenblocks gegenüber. Gerade der Fixkostenbereich ist sehr träge und kann zur Gefährdung des Unternehmens führen, wenn die Märkte zusammenbrechen.

Die zentrale Frage ist, an welchen Mitarbeitern wird das Unternehmen dauerhaft festhalten? Mitarbeiter, die eine große Wertschöpfung im Unternehmen verursachen, wird der Unternehmer bevorzugen. Wenn die erzielten Erlöse die verursachten Kosten um das Drei- oder Vierfache übersteigen, wird es sich um einen wertvollen Mitarbeiter handeln.

Aus den Überlegungen folgen drei wichtige Konsequenzen für das Selbstmarketing:

1. Richten Sie Ihr betriebliches Handeln Tag für Tag darauf aus, dass Sie Mehrwert schaffen.

2. Dokumentieren Sie den Mehrwert, den Sie schaffen.

3. Kommunizieren Sie den von Ihnen geschaffenen Mehrwert den einflussreichen Personen in Ihrem betrieblichen Umfeld.

2.2 Fachwissen als Eintrittskarte

Die Rolle der fachlichen Qualifikation wird oft in fataler Weise unterschätzt. Beim Einstieg in ein neues Unternehmen werden Sie vor allem in der Probezeit fachlich auf Herz und Nieren geprüft. Damit wird das Fundament für Ihre weitere Entwicklung gelegt. Das Fachwissen dient auch heute noch als Eintrittskarte in eine hoch bezahlte Zukunft.

Allwissenheit ist nicht der Maßstab, an dem die Qualifikation eines Mitarbeiters gemessen wird. Dies wäre vermessen und würde das Ziel verfehlen. Außerdem ist sie in schnelllebigen Wirtschaftsbereichen auch ein Ding der Unmöglichkeit. Vielmehr wird ausschlaggebend sein, wie Sie mit Wissenslücken umgehen und wie Ihre Lernbereitschaft und Lernfähigkeit entwickelt sind. Machen Sie dabei die Wissensampel zur Grundlage Ihres Lernverhaltens:

Wissen im grünen Bereich gehört zur Grundausstattung der beruflichen Tätigkeit. Diese Kenntnisse sollten Sie auf jeden Fall verfügbar haben und aktuell halten. Es handelt sich um ständig benötigte Fakten, deren Einsatz im beruflichen Alltag eine Normalität ist. Die Beherrschung ist keine besondere Qualifikation und wird von Ihnen erwartet. Fehlen Teile dieses Basiswissens, sollten Sie es sich zügig aneignen. Nur so erfüllen Sie eine Grundvoraussetzung für hochwertige Arbeit. Beispielsweise braucht ein guter Buchhalter Kenntnisse über den Kontenplan und Wissen darüber, welche Geschäftsvorfälle auf welchen Konten zu erfassen sind. Durch dieses Wissen lassen sich die Buchungen schnell und fehlerfrei vornehmen.

Das Wissen im gelben Bereich hat der qualifizierte Mitarbeiter zur Verfügung. Oft beruht es auf intensiven Lernprozessen. Mit diesem Wissen können Sie sich auszeichnen, denn nur die Guten verfügen darüber. Um auf sich aufmerksam zu machen, sollten Sie im gelben Bereich stark sein und sich auch in den Randbereichen Ihrer Tätigkeit gut auskennen. Die Anwendungsfälle für diesen Wissensbereich sind etwas seltener als beim

Basiswissen. Dennoch rechtfertigt die Häufigkeit der Anwendung den Lernprozess und schafft erheblichen Nutzen im Unternehmen. Der Buchhalter beispielsweise braucht Wissen über die Erstellung des Jahresabschlusses zwar seltener, doch auch diese Kenntnisse erleichtern die Arbeit sehr. Sie erfordern oft die zusätzliche Qualifikation des Bilanzbuchhalters und sind mit erheblicher Berufserfahrung verbunden.

Gerade wer Führungsverantwortung hat, sollte in der Lage sein, seine Mitarbeiter auch fachlich anzuleiten. Dies steigert die Autorität der Führungskraft und erleichtert die überzeugende Argumentation sowohl gegenüber dem Mitarbeiter als auch gegenüber der eigenen Führungskraft.

Beim roten Wissensbereich handelt es sich um Wissen, das sehr selten gebraucht wird oder bei dem der Lernaufwand in keinem nützlichen Verhältnis zur situativen Beschaffung steht. Diese Fakten können zügig nachgelesen werden, wenn es erforderlich ist. Gerade in den Zeiten moderner EDV lassen sich viele Informationen schnell beschaffen. Werden diese Fakten gelernt, führt das Lernen nicht zu besseren Arbeitsergebnissen. Im Gegenteil: Es würde viel zu viel Zeit nahezu sinnlos verbrauchen. Beispielsweise wird sich ein Buchhalter nicht über das Lernen von täglich wechselnden Kontoständen zusätzlich qualifizieren können. Dieses Wissen stiftet ihm oder seinem Unternehmen keinen zusätzlichen Nutzen.

Daraus folgt, dass Sie:

- ▶ Wissen im grünen Bereich möglichst umfassend zur Verfügung haben sollten, bzw. fehlende Kenntnisse schnellstmöglich erwerben sollten.
- ▶ im gelben Bereich über Spezialwissen verfügen sollten, das Sie zu einem gefragten Experten für wichtige Aufgaben macht.
- ▶ auf Wissen im roten Bereich guten Gewissens verzichten sollten. Schaffen Sie stattdessen die Voraussetzungen dafür, dass Sie dieses Wissen zügig beschaffen können, zum Beispiel über entsprechende EDV-Kenntnisse oder Zugangsberechtigungen.

2.3 Mit Abhängigkeit umgehen lernen

Vielen Angestellten und Arbeitern ist die Abhängigkeit von ihrem Arbeitsplatz sehr bewusst. Besonders in Zeiten des wirtschaftlichen Niedergangs entfallen berufliche Alternativen bei anderen Unternehmen in der gleichen Branche. Menschen ertragen die scheinbare Willkür des Chefs und schleppen sich krank zur Arbeit, um keine Angriffsfläche zu bieten. Gerade wenn der Lebensunterhalt auf das Arbeitseinkommen ausgerichtet ist, die Hypothek drückt und die Kinder noch im Haushalt leben, wird die wirtschaftliche Abhängigkeit von der Arbeitsstelle besonders stark erlebt. Wenn zusätzlich noch ein starkes Sicherheitsbedürfnis gelebt wird, kann sich schnell eine drückende Last entwickeln, die sogar die Leistungsfähigkeit beeinträchtigen kann.

Grundsätzlich besteht natürlich für die meisten Menschen die Notwendigkeit, Einkommen durch Arbeit zu erzielen. Nur Wenige bestreiten ihren Lebensunterhalt durch Kapitaleinkünfte, Mieten oder Pachten. Dennoch steht der Abhängigkeit des Arbeitnehmers auch eine Abhängigkeit des Arbeitgebers gegenüber. Es gibt auch Mitarbeiter, von denen der Arbeitgeber abhängig ist.

Vielen Menschen hilft die 80/20-Regel weiter, um mit der Abhängigkeit vom Arbeitgeber oder von der Führungskraft karriereorientiert umzugehen. Diese Regel untersucht ursprünglich wirtschaftliche Tatbestände darauf, wie viel Aufwand sie verursachen und wie viel Ertrag sie bewirken. Beispielsweise machen viele Unternehmen mit 20 Prozent ihrer Aufträge 80 Prozent ihres Umsatzes, mit 20 Prozent der Formulare, die es in Ihrem beruflichen Alltag gibt, wickeln Sie 80 Prozent der Geschäftsvorfälle ab.

Das durch die Regel beschriebene Phänomen ist in den unterschiedlichsten Lebensbereichen anzutreffen. Mit 20 Prozent der Wörter, die Sie kennen, wickeln Sie 80 Prozent Ihrer Kommunikation ab. 20 Prozent der Kleidung, die Sie besitzen, tragen Sie in 80 Prozent der Situationen.

Diese Regel trifft auch bei den Mitarbeitern vieler Unternehmen zu. Wir können zwei Typen von Mitarbeitern unterscheiden. Typ A sind die 20 Prozent Leistungsträger, die für 80 Prozent des Outputs verantwortlich sind. Diese Personengruppe der Leistungsträger hat für das Unternehmen ein sehr gutes Verhältnis der verursachten Kosten zu den erbrachten Leistungen. Typ B sind 80 Prozent des Personals und damit beschäftigt, 20 Prozent des Ergebnisses zu erbringen.

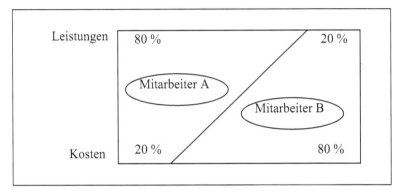

Abbildung 2: *Kosten und Leistungen des Mitarbeiters*

Wie verhält es sich nun mit der Abhängigkeit dieser beiden Arbeitnehmergruppen (siehe Abbildung 2)? Ein Mitarbeiter von Typ B hat ein ungünstiges Kosten-Nutzen-Verhältnis für seinen Arbeitgeber, da er meist wenig Leistung erbringt. Dieser Mitarbeiter ist abhängig von seinem Unternehmen und von seiner Führungskraft. Ohne diese Mitarbeiter kann der Betrieb weiterlaufen. Dieser Teil der Belegschaft hinterlässt keine Lücke, die nicht zügig zu schließen wäre. Anders beim Mitarbeiter von Typ A. Er erzielt eine hohe Leistung bei vergleichsweise geringen Kosten. Bei diesem Mitarbeiter ist das Ergebnis der Abteilung gefährdet, wenn er kündigt. Deshalb ist hier die Führungskraft daran interessiert, den Mitarbeiter in der Abteilung zu halten. In diesem Fall ist der Chef oder das Unternehmen abhängig vom Mitarbeiter.

Um diese Überlegungen für Ihre Karriere nutzbar zu machen, sollten Sie zunächst selbstkritisch feststellen, welchem Typ Sie angehören. Typ B hat oft Aufgaben, die häufig im betrieblichen Alltag auftreten. Deshalb gibt es meist viele Mitarbeiter, die dieser Tätigkeit parallel nachgehen. Die Wiederholungsrate ist hoch, und die Stelleninhaber sind vergleichsweise leicht am Arbeitsmarkt zu rekrutieren. Außerdem benötigt es wenig Zeit, sich die erforderlichen Qualifikationen anzueignen. Es handelt sich oft um angelernte Mitarbeiter. Das Fachwissen veraltet nur sehr langsam, das heißt, die Halbwertzeit des Wissens ist sehr lang. Es ist oft wenig Erfahrung erforderlich und die Aufgabenbeschreibung bietet wenig Spielraum für eigenverantwortliches Handeln.

Ganz anders verhält es sich bei Aufgaben des Mitarbeiters vom Typ A. Diese Stelle ist im Unternehmen oft nur durch eine Person besetzt, da es sich um spezielle Anforderungen handelt, die nur selten gebraucht werden, jedoch für die betriebliche Leistungserstellung zwingend erforderlich sind. Es sind vielfach einmalige Problemstellungen, die mit viel Erfahrung und bereichsübergreifend gelöst werden müssen. Die Bearbeitung erfordert Expertenwissen, das in jahrelanger Arbeit angeeignet wurde. Meist unterliegen diese Aufgaben auch einem starken Wandel, da technologische, organisationale oder marktimmanente Veränderungen auf die Aufgabe wirken. Diese Aufgaben schaffen eine hohe Wertschöpfung im Unternehmen, wenn sie qualitativ hochwertig erledigt werden. Sie sind oft von strategischer Natur.

Tabelle 6: Unterscheidung Aufgaben Typ A und Typ B

	Aufgaben Typ A	Aufgaben Typ B
zeitliches Auftreten	selten	häufig
Besetzung der Stelle	einfach	mehrfach

	Aufgaben Typ A	Aufgaben Typ B
Wiederholungsrate	niedrig	hoch
Rekrutierung des Stelleninhabers	schwer	einfach
Erlangung des Fachwissens	zeitintensiv	schnell
Halbwertzeit des Wissens	kurz	lang
notwendige Erfahrungsbasis	breit	eng
Gestaltungsrahmen	breit	eng
organisationale Anbindung	Projekt	Linie
Präsentationsanteil	hoch	niedrig
kommunikativer Anteil an der Aufgabe	hoch	niedrig
zu schaffender Mehrwert	hoch	niedrig

Durchforsten Sie Ihren Aufgabenkatalog. Je mehr Aufgaben von Typ A in Ihrer Verantwortung liegen, umso höher wird die Abhängigkeit des Arbeitgebers von Ihnen sein. Ziel der mittelfristigen Karriereentwicklung ist es, Aufgaben von Typ A zusätzlich zu integrieren und Aufgaben von Typ B abzugeben. Wichtig ist, dass Sie diese Aufgabenverschiebung als permanenten Prozess betrachten. Signalisieren Sie Ihren Führungskräften eine hohe Bereitschaft zur Innovation. Durch häufige kleinere Veränderungen gewöhnen Sie sich daran, mit Neuerungen konstruktiv umzugehen, und erhalten sich ein hohes Maß an geistiger und fachlicher Flexibilität.

2.4 Mehr als den Anforderungen genügen

Nur dort, wo die Fähigkeiten des Mitarbeiters eingesetzt werden können, um die Anforderungen der Stelle abzudecken, schafft der Mitarbeiter für das Unternehmen einen Nutzen. Wer einen hohen Nutzen bringt, ist für seinen Arbeitgeber wichtig und nahezu unverzichtbar.

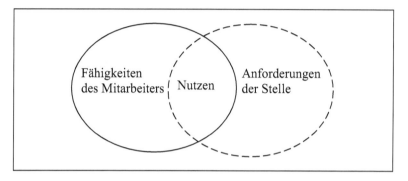

Abbildung 3: *Schnittmenge von Fähigkeiten und Anforderungen als Nutzen des Unternehmens*

Was einfach klingt, beinhaltet in der betrieblichen Praxis viel Verbesserungspotenzial, denn oft sind die Fähigkeiten des Mitarbeiters und die Anforderungen der Stelle nicht optimal aufeinander abgestimmt. Hier sind die Personalverantwortlichen der Unternehmen gefordert. Trotzdem bleiben viele schlummernde Potenziale unerkannt und sind unwirksam für die Karriere der Mitarbeiter. Im betrieblichen Alltag kommt es deshalb häufig zu Unter- oder Überforderung.

Situation: Fähigkeiten < Anforderungen der Stelle

Decken Ihre Fähigkeiten nur in geringem Maße die Anforderungen der Stelle ab, wird es Ihnen schwerfallen, Mehrwert zu schaffen und berufliche Erfolge zu feiern. Schnell wird sich das Gefühl der Überforderung einstellen. Sie fühlen sich der Aufgabe nicht gewachsen, werden verunsichert und machen vermehrt Fehler.

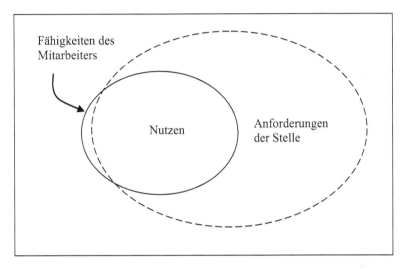

Abbildung 4: Mitarbeiter ist überfordert, ungeeignet oder falsch eingesetzt

Während einer Einarbeitungsphase können sich solche Gefühle vorübergehend einstellen und sind durchaus normal. Die neuen Aufgaben fordern, Vieles ist unbekannt und in kurzer Zeit muss ein erhebliches Pensum gelernt werden. Doch dauert der Zustand länger an, ist hier Vorsicht geboten: Viele Menschen, die am Burn-out-Syndrom erkranken, erleben ihren Arbeitsalltag dauerhaft als Überforderung. Dies ist weder für den Mitarbeiter noch für das Unternehmen ein wünschenswerter Zustand. Die Betroffenen schleppen sich von Tag zu Tag, ohne Freude, Motivation und

Erfolg. Die Berge türmen sich vor ihnen auf und die Kräfte schwinden durch die Unmöglichkeit, die Aufgabe bewältigen zu können.

Empfehlungen zu der Situation:
Fähigkeiten < Anforderungen der Stelle

- ▶ Besprechen Sie die Situation umgehend mit Ihrer Führungskraft.
- ▶ Vielleicht können Sie zusätzliche Fähigkeiten integrieren und dadurch Ihre Arbeitsfähigkeit verbessern.
- ▶ Lassen Sie sich unterstützen.
- ▶ Oft lässt sich das Stellenprofil verändern.

Sorgen Sie für Aufgaben, die Sie unter Anstrengung bewältigen können, ohne sich zu überfordern. Ehrgeizige Ziele sind dann förderlich, wenn die Erreichung realistisch ist. Sollten Sie dauerhaft das Gefühl haben, Ihre Aufgaben nicht bewältigen zu können, sollten Sie auf Ihren Körper hören und einen Arzt zu Rate ziehen. Erschöpfungsdepressionen oder Burn-out sind Krankheiten, die behandelt werden sollten. Besser eine heilende Auszeit unter Anleitung als dauerhafte Einschränkungen oder bleibende Schäden! Gesundheit ist eine wichtige Voraussetzung für die eigene Karriere.

Es wird sich fördernd auf Ihre Karriere auswirken, wenn Sie sich tätigkeitsbezogen fortbilden. Nur wenn die zusätzliche Qualifikation dazu führt, dass Sie die Anforderungen Ihrer beruflichen Praxis besser bewältigen können, werden Sie zusätzlichen Nutzen schaffen. Dadurch werden Sie für Ihren Arbeitgeber wertvoller. Priorität genießen in dieser Situation die aktuellen Anforderungen der Stelle, weil Sie damit Ihre gegenwärtige Stellung im Unternehmen besser verwurzeln. Erst, wenn die aktuellen Probleme weitgehend gelöst sind, nehmen Sie die Zukunft in den Blick.

Situation: Fähigkeiten > Anforderungen der Stelle

Wer seine Fähigkeiten dagegen nur zu einem geringen Teil in die Arbeit einbringen kann, sollte mittelfristig auch über eine Veränderung der beruflichen Position nachdenken. Denn viele wertschöpfende Fähigkeiten liegen brach, obwohl die gestellten Anforderungen sehr gut bewältigt werden können.

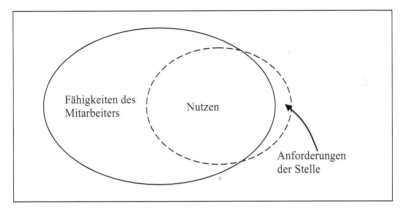

Abbildung 5: Mitarbeiter ist unterfordert

Der Mitarbeiter ist unterfordert oder überqualifiziert. Wenn nur die gestellten Aufgaben durch den Arbeitgeber honoriert werden, spenden die ungenutzten Fähigkeiten keinen Nutzen und können nicht in die Erzielung von Einkommen einfließen. Sollten die Fähigkeiten des Mitarbeiters die Basis für das Gehalt darstellen, ist der Mitarbeiter für den Nutzen, den er durch die Bearbeitung seiner Aufgaben spendet, zu teuer. Zusätzlich gilt, dass sich dauerhaft ungenutzte Fähigkeiten zurückbilden, ähnlich wie ein untrainierter Muskel.

In diesem Fall lässt sich die Situation durch die Erweiterung des Verantwortungsbereiches lösen. Dies ist hochgradig im Interesse aller Beteiligten, denn der Mitarbeiter kann sich entwickeln und das Unternehmen wird leistungsfähiger.

Empfehlungen zu der Situation:
Fähigkeiten > Anforderungen der Stelle

- ▶ Lassen Sie sich zusätzliche Aufgaben zuteilen.
- ▶ Ergreifen Sie dazu selbst die Initiative.
- ▶ Streben Sie dabei einen Mix von Fähigkeiten und Eigenschaften an, die Ihnen ein breites Fundament verschaffen, um auch vielschichtige Aufgaben bewältigen zu können.
- ▶ Integrieren Sie gleichzeitig punktuell Spezialwissen, um auch Expertenaufträge bearbeiten zu können.
- ▶ Lassen Sie sich Querschnittsaufgaben übertragen, um Kontakte aufzubauen und Ihr internes Netzwerk zu stärken.

Durch diese Vorgehensweise können Sie Ihre Fähigkeiten einbringen, entwickeln und bauen sich ein leistungsorientiertes Image auf.

Situation: Fähigkeiten = Anforderungen der Stelle

Optimal ist eine Situation, in der Sie viele Ihrer Fähigkeiten einbringen können, um die Anforderungen der Stelle umfassend abzudecken. Damit ist der Nutzen, den Sie dem Unternehmen stiften, sehr hoch.

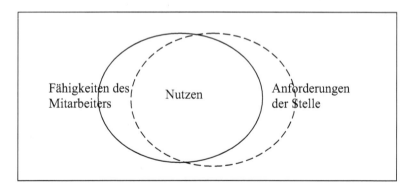

Abbildung 6: *Fähigkeiten des Mitarbeiters entsprechen den Anforderungen zum Nutzen des Unternehmens*

Die Arbeit fordert und trainiert vorhandene Fähigkeiten. Der Stelleninhaber hat Abwechslung im Arbeitstag und bringt ein breites Repertoire an Fähigkeiten ein. Das Gefühl, gebraucht zu werden, entwickelt sich und diese Menschen stiften meist motiviert einen hohen Mehrwert im Unternehmen.

Empfehlungen zu der Situation:
Fähigkeiten = Anforderungen der Stelle

- ▶ Ihr Vorteil: Die große Schnittmenge von Anforderungen und Fähigkeiten sorgt für eine routinierte und zügige Arbeitsweise, verbunden mit einer geringen Fehlerquote.
- ▶ Es entstehen Freiräume für Lernprozesse, durch die Sie vorhandene Qualifikationen den zukünftigen Anforderungen anpassen können.
- ▶ Bereiten Sie sich auf erforderliche Veränderungen im Unternehmen umfassend vor und gestalten Sie den Veränderungsprozess maßgeblich mit.
- ▶ Außerdem sollten Sie sich etwas Zeit reservieren, um Ihre Leistungen im Unternehmen zu kommunizieren.

2.5 Engpassfähigkeiten entwickeln

Engpassfähigkeiten sind selten wie das Wasser in der Wüste. Es handelt sich um Qualifikationen, die zur betrieblichen Leistungserstellung notwendig sind, und gleichzeitig sind sie sehr selten auf dem Arbeitsmarkt anzutreffen. Häufig sind es auch mehrere Eigenschaften, die sich in der Kombination auf eine Person vereinen und dadurch erheblichen Mehrwert schaffen können. Zum Beispiel kenne ich einen Luft- und Raumfahrtingenieur, der aus Brasilien stammt und gleichzeitig Hubschrauberpilot ist. Er vertreibt Hubschrauber in Brasilien. Die Kombination seiner Fähigkeiten ist in seinem Unternehmen sehr selten. In seinem Aufgabengebiet kann er dadurch erheblichen Mehrwert schaffen.

Ein Engpass ist oft die Schnittstelle zwischen der Technik und der kaufmännischen Welt eines Unternehmens. Wer im Management dieser Schnittstelle Erfahrungen hat und Erfolge vorweisen kann, hat oft ein Repertoire an Fähigkeiten und Eigenschaften, die in vielen Unternehmen sehr dünn gesät sind.

Gute Führungskräfte sind rar. Für Mitarbeiter verlässliche Rahmenbedingungen zu schaffen, in denen hohe Leistungen motiviert erbracht werden können, ist eine Kunst, die nur wenige Führungskräfte beherrschen. Gerade im Management von Veränderungsprozessen und bei der Leitung von Projekten trennt sich oft die Spreu vom Weizen. Die Könner in diesen Bereichen sind rar, gefragt, umworben und hoch bezahlt.

Außerdem erfordern der Vertrieb und der Verkauf Fähigkeiten, über die nur seltene Spezialisten verfügen. Wer hier gute Arbeit leistet, hat zudem den Vorteil, dass ihm der gute Geschäftsabschluss oder der Markterfolg direkt zugerechnet werden kann.

Manchmal sind auch Sprachkenntnisse oder die Handhabung von speziellen Produktionsverfahren ein Engpassfaktor.

Bei der Suche nach geeigneten Engpassfähigkeiten sollten Sie sich das Unternehmen anschauen, für das Sie tätig sind oder sein wollen. Denn was in dem einen Unternehmen eher eine Standardqualifikation ist, kann in einem anderen eine Engpassqualifikation sein.

Sehr häufig ergeben sich auch durch Ihre Zusatzqualifikationen Möglichkeiten, im Unternehmen Lücken zu schließen und dadurch den eigenen Nutzen und Wert zu steigern.

Folgende Leitfragen können helfen, Engpassfähigkeiten zu finden:

- Wo liegen die Schwachstellen des Unternehmens?
- Warum kommt es zu Reklamationen?
- Warum werden Märkte nicht bedient?
- Was macht der Wettbewerb besser?

- Welche Bedürfnisse haben Ihre Kunden und werden durch Ihr Unternehmen nicht abgedeckt?
- Welche Prozesse können vereinfacht werden?
- Wodurch entstehen Reibungsverluste?
- Was ärgert Sie, Kollegen oder Führungskräfte?

Bei allem, was Sie tun, schalten Sie Ihre Antennen für Engpassfähigkeiten auf Empfang. Wer hier sensibel wahrnimmt und frühzeitig reagiert, kann sich Wettbewerbsvorteile aufbauen, die die eigene Karriere deutlich beflügeln.

2.6 Delegieren oder selber machen

Karrierekommunikation braucht etwas Zeit, um das berufliche Handeln bewusst karriereorientiert auszurichten. Doch Zeit ist ein knappes Gut. Mit einem respektvollen Blick auf Ihren Terminkalender werden Sie sich vielleicht fragen, wo die Zeit dafür denn herkommen soll. Die Botschaft lautet:

> Arbeiten Sie weniger, dafür strategisch klüger.

Viele Menschen delegieren nach dem Prinzip: Was ich nicht selber machen kann, muss ich notgedrungen delegieren. Wer seinen Arbeitstag so ausrichtet, packt sich zweifellos den Kalender voll. Zeit wird ein sehr knappes Gut und der Stress wird zu einem ständigen Begleiter.

Ein nützlicheres Prinzip der Delegation lautet:

> Was ich nicht selber machen muss, kann ich delegieren.

Durchforsten Sie Ihren Arbeitstag nach Aufgaben, die Sie nicht zwingend selbst erledigen müssen. Wir erledigen Arbeiten, für die wir nicht zuständig sind, weil sie andere nicht erledigen oder weil wir hilfsbereit sind und andere entlasten.

Wie hoch der Anteil der höchstpersönlichen Aufgaben ist, richtet sich nach Ihrem Aufgabengebiet und Ihrer Delegationsfreudigkeit. Seminarteilnehmer, mit denen wir das Themenfeld Delegation bearbeiten, kommen auf einen Anteil von fünfzehn bis achtzig Prozent an nicht delegierbaren Aufgaben.

Vergeben Sie den delegierbaren Teil Schritt für Schritt an Mitarbeiter. Es ist von Vorteil, wenn diese durch die zusätzlichen Aufgaben etwas lernen können. Vereinbaren Sie dazu klare Ziele mit definierten Ressourcen. Legen Sie gemeinsam mit dem Mitarbeiter fest, bis wann und in welcher Qualität die Aufgabe erledigt werden soll. Gerade, wenn es sich um wiederkehrende Tätigkeiten handelt, ist die Zeitersparnis für Sie enorm.

Sollten Sie keine Führungskraft sein, sind Sie nicht weisungsbefugt und können nicht mit Direktionsrecht delegieren. Der Weg geht in diesem Fall nur über die Hilfsbereitschaft der Kollegen oder die eigene Führungskraft. Schlagen Sie Ihrer Führungskraft vor, dass Sie bestimmte besonders wertschöpfende Aufgaben übernehmen, und geben Sie weniger karriereträchtige Aufgaben an Kollegen ab, die sich dadurch entwickeln können. Es liegt im Interesse jeder Führungskraft, die Wertschöpfung in ihrem Verantwortungsbereich zu erhöhen. Tragen Sie dazu bei.

Schaffen Sie sich dadurch einen zeitlichen Freiraum. Die freien Kapazitäten füllen Sie mit Aufgaben, die besonders relevant für Ihre Karriere sind.

2.7 Der Zeit voraus sein

Ein Unternehmen realisiert Wettbewerbsvorteile, wenn es Trends frühzeitig erfasst und sich darauf einrichtet, neue Produkte schneller als andere auf den Markt bringt oder veraltete Produkte rechtzeitig aus dem Portfolio nimmt. Was auf der Unternehmensebene gilt, hat auch für den Mitarbeiter seine Gültigkeit.

Welche Trends und Strömungen gibt es weltweit und in Ihrer Branche?

Tabelle 7: Trends

• Technologische Entwicklung	• Überalterung der Bevölkerung
• Globalisierung der Wirtschaft	• Internet
• Energieversorgung	• Veränderte Lebens- und Konsumgewohnheiten
• Wetter- und Klimaveränderung	

Welche Auswirkungen werden diese Entwicklungen auf Ihr Unternehmen haben? Wie können Sie sich darauf einstellen? Es wird Fähigkeiten geben, die in Zukunft wichtiger werden, als sie heute sind. Diese sollten Sie sich zusätzlich aneignen. Genauso gibt es Fähigkeiten, die in Zukunft nur noch ein Nischendasein fristen werden oder die gänzlich unnütz werden. Hier sollten Sie sich nicht mehr engagieren.

Diese strategischen Überlegungen werden immer wichtiger, je mehr Sie am Anfang Ihrer Karriere stehen. Wer nicht nur zu Beginn seiner beruflichen Laufbahn kontinuierlich seine Fähigkeiten überprüft und Zeit und etwas Geld geschickt in die eigene Entwicklung steckt, wird binnen fünf bis zehn Jahren seine Karriere deutlich beschleunigen können.

Lassen Sie dabei einen wesentlichen Gedanken jedoch nicht außer Acht: Wer die Zukunft gestaltet und dabei die Gegenwart aus den Augen verliert, sägt an dem Ast, auf dem er sitzt. Der Mehrwert wird in der Gegenwart geschaffen. Priorität hat die überdurchschnittliche Erledigung der Aufgaben Ihrer jetzigen Stelle. Das ist immer die Basis, von der aus die Zukunft geplant wird. Deshalb hat die Bewältigung der Gegenwart auch aus einer karriereplanerischen Perspektive betrachtet zunächst Vorrang vor zukünftigen Überlegungen.

3. Karriere braucht Kontakte

Wer seine Karriere zielstrebig gestalten will, braucht neben guter Qualifikation in den richtigen Bereichen vor allem hochwertige Kontakte zu einflussreichen Menschen. Sie brauchen Menschen, die mit Ihnen gemeinsam oder für Sie etwas tun. Es sind Menschen, die über Ihre Karriere entscheiden, die in Ihre Leistungsfähigkeit und Erfahrung vertrauen, die Sie fördern und entwickeln.

Wer es versteht, die Kraft der Gemeinschaft zu nutzen, realisiert schnell und leicht, wofür andere das halbe Berufsleben brauchen. Der Aufbau und die Pflege dieser Beziehungen entscheiden ganz wesentlich über den beruflichen Erfolg eines Menschen.

> Investieren Sie etwas Zeit, Ihr soziales Umfeld zu verpflichten.

3.1 Sein eigenes Netzwerk knüpfen und pflegen

Man trifft in allen Unternehmen Mitarbeiter, die dafür berühmt sind, dass sie nahezu Unmögliches realisieren. Ein Anruf und ein langwieriger Prozess kürzt sich ab, weil sich Dinge bewegen, die vorher unverrückbar schienen. Das Geheimnis hinter diesen fast magisch anmutenden Fähigkeiten sind nicht selten gepflegte Netzwerke. Diese Menschen kennen jemand, der jemanden kennt. Ohne den kleinen Dienstweg dieser Netzwerke würden sich in vielen Unternehmen die Räder deutlich langsamer drehen.

Wollen Sie sich in einem Unternehmen für eine verantwortungsvolle Positionen empfehlen, sollten Sie sich früh darin üben, Menschen zu gewinnen. Fangen Sie rechtzeitig an, nützliche netzwerkartige Strukturen aufzubauen und zu unterhalten. Dafür sprechen drei wichtige Gründe:

Der erste Grund hierfür liegt darin, dass ein solches Geflecht enormen Nutzen spendet. Manche betriebliche Dinge lassen sich nur mit der Unterstützung dieser Netzwerke unbürokratisch und schnell realisieren. „Auf dem offiziellen Weg geht das gar nicht", ist die Reaktion von Menschen, die plötzlich begreifen, welche Kraft und Energie Netzwerke entfalten können.

Der zweite Grund liegt darin, dass das Netzwerk wichtige soziale Fähigkeiten trainiert. Der Aufbau eines Netzwerkes erfordert Fähigkeiten, die von (werdenden) Führungskräften erwartet oder sogar gefordert werden. Es kommt in Führungsetagen vielfach darauf an, nützliche Kontakte aufzubauen und zu erhalten. Das Beziehungsmanagement eines Unternehmens zu seinen Lieferanten und Kunden ist mitentscheidend dafür, ob Produkte ein Marktschlager werden oder in der Versenkung verschwinden. Die Verflechtung mit Hochschulen ist ausschlaggebend für die Akquisition der besten Köpfe. Die Beziehungen zu Verwaltungen oder der Politik besitzen mitunter den Stellenwert eines Standortfaktors, der die Wahl eines Landes oder einer Region als Unternehmenssitz begünstigt, beeinträchtigt oder unmöglich erscheinen lässt. Die Qualität der Kontakte zu Investoren, Kapitalgebern und der Presse entscheidet nicht selten über das Image des Unternehmens und seiner Produkte.

Ein dritter Grund liegt in dem Wert des Netzwerkes für andere. Ein selbst aufgebautes funktionsfähiges Netzwerk ist eine der tragenden Säulen des beruflichen Aufstieges. Es gibt Personen, die aufgestiegen sind, damit diejenigen, die über den Karrieresprung entschieden haben, Zugang zu dem Netzwerk der Person bekamen. Mit anderen Worten, die berufliche Laufbahn entwickelt sich nicht nur durch das Netzwerk, sondern oftmals auch aufgrund dessen.

Dabei spielt sich beginnende Netzwerkarbeit gerade im Alltäglichen ab. Ich erzählte einmal einem Kollegen während der Mittagspause in der Kantine, dass ich für den Geburtstag meines Sohnes noch ein Kinderfahrrad kaufen wolle. Ich traf auf einen versierten Netzwerker. Er fragte mich, welche Vorstellungen ich denn hätte, und ich erzählte ihm meine Anforderungen. Er fragte mich, ob es auch gebraucht sein könne. Als ich bejahte, telefonierte er mit ein paar Kollegen, während ich meinen Nachtisch aß. Kurze Zeit später gab er mir einen Zettel mit drei Namen und Telefonnummern von Kollegen, die ein entsprechendes Fahrrad verkaufen wollten. Die Kontakte waren schnell hergestellt und in der nächsten Mittagspause war der Handel unter Dach und Fach.

Der Netzwerker hatte mit sieben Kollegen kurz gesprochen und nutzte mein Anliegen, um seine Kontakte zu intensivieren. Er führte mit jedem Gesprächspartner leichten Smalltalk und nebenbei ging es um ein Fahrrad. Ergebnis der Aktion: Sieben Kontakte gepflegt, drei Kontakte bekamen die Möglichkeit, etwas zu verkaufen und ich konnte meinen Sohn glücklich machen. Alle Kontakte liefen über den Netzwerker, der sich Menschen verpflichten konnte.

Eine wichtige Fähigkeit eines guten Netzwerkers ist es, sich Menschen aus Kleinigkeiten heraus zu verpflichten. Unterstützen Sie einen Kollegen, wird er Ihnen zu Dank verpflichtet sein. Oft reicht es auch schon, die Unterstützung anzubieten, um Dankbarkeit zu erzeugen.

„Wenn ich Ihnen mal helfen kann, rufen Sie einfach kurz durch."

Mit diesem einfachen Satz signalisieren Sie Hilfsbereitschaft. Auch wenn es einen mal eine unbezahlte Überstunde kostet, den Kollegen aus einer kleinen Not zu befreien, ist dies meist ein Investment, das auf der Beziehungsebene reiche Früchte trägt.

Ein funktionierendes Netzwerk unterscheidet nicht zwischen beruflichen und privaten Belangen. Viele Unternehmen pflegen diese abteilungsübergreifenden Verbindungen ihrer Mitarbeiter durch unternehmensinternen Plattformen: Tauschbörsen, An- und Verkäufe, Wohnungs- und Immobilienanzeigen oder Mitfahrgelegenheiten schaffen den Beteiligten Nutzen und fördern den Austausch untereinander. Betrieblicher Mannschaftssport dient nicht nur der körperlichen Gesundheit, sondern auch der Kontaktpflege. Machen Sie mit und pflegen Sie bei diesen Gelegenheiten Kontakte.

Ein gepflegtes Netzwerk verschafft Einfluss weit über den eigenen Verantwortungsbereich hinaus und beschleunigt gerade dadurch Abläufe und Entscheidungen.

Sie sollten dabei in Vorleistung treten, um Ihr Netzwerk zu aktivieren und aufzubauen. Man ist Ihnen dankbar für die Unterstützung und pflegt gerne den Umgang mit Ihnen. Ein Quantum Hilfsbereitschaft ist gut für Ihr Image und Sie verpflichten sich andere Menschen.

> Wer Kontakte erst pflegt, wenn er sie braucht, steht oft allein da. Wer Kontakte pflegt, wenn er sie nicht braucht, hat sie bereits, wenn er sie braucht.

Dabei sollten Sie sich nicht ausnutzen lassen. Sie merken schnell, ob Ihre Kollegen auch zu entsprechenden Gegenleistungen bereit sind. Ein gutes Netzwerk ist auf Geben und Nehmen aufgebaut. Hilfsbereit sein und Hilfe in Anspruch nehmen: Beide Seiten sind notwendig, um eine Gemeinschaft entstehen zu lassen, die sich gegenseitig unterstützt.

Bei allem Bestreben, anderen hilfreich zur Seite zu stehen, sollten Sie gleichzeitig darauf achten, dass Ihre eigenen Aufgaben nicht zu kurz kommen, oder lassen Sie sich von Ihrem Netzwerk dabei unterstützen.

> Nutzen Sie jede günstige Gelegenheit, um Kontakte zu schmieden: Top-Karrieren bestehen zu 80 Prozent aus Kontakten und zu 20 Prozent aus Kompetenz.

Die Netzwerkparty

In vielen Städten finden so genannte Netzwerkpartys oder After-Work-Partys statt. Hier treffen sich Menschen meist direkt nach der Arbeit in gepflegter Atmosphäre, um sich kennenzulernen, auszutauschen und Kontakte zu pflegen. Gerade bei einem hohen Single-Anteil in der Bevölkerung sind diese Partys sehr beliebt.

Viele der hier in zwanglosem, hierarchiefreiem Klima geknüpften Kontakte lassen sich beruflich verwerten. Tipps und Empfehlungen kommen von Unbeteiligten aus einem anderen Blickwinkel und eröffnen neue Perspektiven.

Hier einige Tipps für das richtige Verhalten auf einer Netzwerkparty:

- Nehmen Sie regelmäßig teil, denn andere machen das genauso und man lernt die Menschen schneller kennen.
- Smalltalk hat Priorität, die beruflichen Themen kommen dann von selbst.
- Verbringen Sie nicht den ganzen Abend mit einer Person, wechseln Sie Ihren Gesprächspartner nach spätestens dreißig Minuten.
- Nicht sofort Visitenkarten austauschen, sondern erst den Kontakt interessant machen.
- Der Dresscode für diese Veranstaltungen ist ‚business casual'. Dies bedeutet, dass Berufskleidung erwartet wird, die Sie etwas lockerer tragen können. Damen können zum Beispiel etwas mehr Schmuck tragen, Herren können die Krawatte ablegen. Umziehen ist nicht erforderlich.
- Verzichten Sie auf alkoholische Getränke.
- Rechnen Sie damit, dass professionelle Personaler anwesend sind, die nach geeigneten Mitarbeiterinnen und Mitarbeitern suchen.
- Bleiben Sie nicht, bis das Reinigungspersonal kommt. Sie wollen am nächsten Tag ja wieder Leistung bringen.

Die Netzwerkkartei

Sammeln Sie Visitenkarten und streuen Sie die eigenen. Vielleicht können Sie sich auf der Rückseite einige Notizen zum Gesprächspartner und zum Verlauf der Unterhaltung machen. Das erleichtert die spätere Kontaktaufnahme. Individualisieren Sie Ihre eigenen Visitenkarten durch entsprechende Vermerke für Ihr Gegenüber. Sie bleiben dadurch viel besser in Erinnerung.

Sie werden schnell feststellen, dass die Visitenkarten viel zu klein sind, um alle gewünschten Notizen anzubringen. Hier leistet Ihnen eine Netzwerkkartei unschätzbare Dienste. Notieren Sie nach der Unterhaltung wichtige Informationen auf der Netzwerk-Karteikarte.

Name und Adresse des Gesprächspartners:	Kontaktdaten:
	Beruf/Branche/Unternehmen:
Anlass/Datum:	Ich kann für ihn/sie tun:
Er/Sie kann für mich tun:	

Abbildung 7: *Karte einer Netzwerkkartei*

Am besten, Sie setzen die Karte gleich während des Gespräches ein. Damit bleiben Sie in Erinnerung und wirken professionell organisiert. Lassen Sie sich die spätere Kontaktaufnahme direkt genehmigen. Wenn Sie es jetzt schaffen, dem Gegenüber im nachfolgenden Kontakt einen

Nutzen zu spenden, haben Sie die beginnende Beziehung auf eine gute Basis gestellt. Halten Sie Kontakt, indem Sie sich wieder melden.

3.2 Hemmungen beim Erstkontakt überwinden

Jede Beziehung und jedes Netzwerk beginnt immer mit dem ersten Kontakt. – Und der ist entscheidend: Hier werden die Weichen gestellt für den weiteren Umgang miteinander.

Das Ziel des Erstkontaktes ist es, dass sich das Gegenüber im Kontakt wohlfühlt. Nur, wenn er sich gerne an das Gespräch mit Ihnen erinnert, wird der Gesprächspartner den Wunsch haben, den Kontakt von sich aus zu pflegen und zu intensivieren. Auch eine Kontaktaufnahme von Ihrer Seite aus wird mit diesen positiven Erfahrungen im Hintergrund gerne gesehen sein.

> Achten Sie darauf, dass Ihr Gegenüber Ihre Gesellschaft genießen kann und sich in Ihrer Gegenwart wohlfühlt.

Menschen wünschen sich die Fähigkeit, beherzt und aktiv den ersten Schritt auf den Gesprächspartner zuzugehen. Trotzdem zögern sie, wenn es darauf ankommt. Es melden sich sofort persönliche Hemmungen, die sie innehalten lassen. Angstvoll unterlassen sie die Ansprache eines Menschen, und eine weitere Chance auf einen gewinnbringenden Kontakt bleibt ungenutzt. Möglicherweise wäre dieser Mensch ein Freund fürs Leben geworden. Vielleicht hätte sich der Kontakt beruflich oder privat als sehr tragfähig erwiesen. Wir wissen es nicht und werden es auch nie erfahren. Folgender Grundsatz gilt beruflich wie auch privat:

> Der entgangene Gewinn aufgrund nicht geknüpfter oder nicht gepflegter Kontakte ist immens.

Diese Skrupel sind extrem teuer und dennoch weit verbreitet. Deshalb möchte ich Ihnen an dieser Stelle einige Denkanstöße geben, um die Hemmungen zu überwinden und mehr Selbstsicherheit im Erstkontakt zu gewinnen.

Das Einstiegsthema fehlt

Welches spritzige, interessante oder geistreiche Thema soll ich für diesen wichtigen Gesprächspartner bloß wählen? Wie errege ich mit meinen ersten Worten bleibende Aufmerksamkeit? Wer bereits den ersten Satz so begeisternd gestalten will, dass er damit nachhaltig positiv in Erinnerung bleibt, steht vor einer anspruchsvollen Herausforderung, die auch Profis vor eine schwierige Aufgabe stellt. Der Anspruch ist viel zu hoch, grenzt die meisten Themen aus und wird in den meisten Fällen enttäuscht werden.

Vertrauen Sie stattdessen zunächst auf die Kraft der Rituale. Die ritualisierte Begrüßung und Vorstellung sind deshalb in allen Kulturen am Anfang der Kontaktaufnahme fest verankert, weil sie helfen, das Eis zu brechen und Kontakt aufzubauen. Begrüßung, Vorstellung und gegebenenfalls Handschlag sind ideal für den Einstieg.

Die besten Folgethemen bietet auf dem beruflichen Parkett die gemeinsam erlebte Gegenwart. Gerade mit Fremden und Zufallsbekannten ist dieses Themenfeld hervorragend geeignet, denn Sie erspüren das Hier und Jetzt gemeinsam. Sie haben dadurch eine gemeinschaftliche Basis für ein unverfängliches Gespräch und einen angenehmen Zeitvertreib für beide Seiten. Treffen Sie jemanden beispielsweise zu Beginn einer Fortbildungsveranstaltung, könnten Sie einen Gesprächseinstieg über folgende Themen wählen:

▶ Seminar (z. B. Thema, gemachte Erfahrungen auf anderen Veranstaltungen, Referent, Umsetzbarkeit in der Praxis, Hoffnungen und Befürchtungen)

- Der öffentliche Personennahverkehr (z. B. Anfahrt, Pünktlichkeit, Fahrscheinpreise, Stau, Umweltthemen, Kraftstoffpreise, Freundlichkeit der Fahrer, Schulkinder und Jugendliche)
- Das Wetter (z. B. Temperatur, Regen, Garten)
- Das bevorstehende Wochenende (z. B. Einkauf, Veranstaltungen in der Stadt, Gartenarbeit, Aktivitäten auf das Wetter abgestimmt, Kinder)

Sie merken bereits bei dieser kurzen Aufzählung, dass die Themenfelder thematisch ineinandergreifen. Dies bedeutet für Sie in der Praxis des Erstkontaktes, dass Sie problemlos von einem Themenfeld ins andere wechseln können und die Themenvielfalt dadurch deutlich steigern.

> Machen Sie die gemeinsame Gegenwart zum Thema und Sie verfügen über eine nahezu unerschöpflich sprudelnde Themenquelle.

Ebenfalls gut geeignet sind positiv besetzte Themen, die viele Einstiegsmöglichkeiten bieten. Zum Themenfeld Urlaub beispielsweise können die meisten Menschen Gesprächsbeiträge liefern: Sie waren schon im Urlaub oder wollen noch verreisen, sie planen gerade einen Aufenthalt oder haben entsprechende Wünsche, knappe Kassen, Sternegastronomie oder Zelten, das Haus, das Auto oder das Fliegen, die Kinder oder der Hund, das Reiseziel oder die Schwiegermutter – alles kann zum Thema werden. Oft wird eine Mittagspause gar nicht ausreichen, um sich dem Themenfeld auch nur ansatzweise erschöpfend zu widmen.

Es gibt sicher Themen, über die Sie sich gerne mitteilen? Vielleicht gehören Ihre beruflichen und privaten Erfolge dazu. Möglicherweise gibt es Hobbys oder Erfahrungen, über die Sie gerne berichten. Sie fühlen sich wohl, wenn Sie darüber berichten können. Solche „Spaßthemen" hat auch Ihr Gegenüber. Geben Sie Ihrem Gesprächspartner die Gelegenheit, über seine „Spaßthemen" zu erzählen.

> Die Themen des Gegenübers sind immer sehr gut geeignet, um einen positiven Erstkontakt zu gestalten.

Es gibt natürlich auch Tabuthemen, die Sie im Erstkontakt eher meiden sollten. Diese Themen sind meist nicht positiv anschlussfähig und sollten daher nicht zu den bevorzugten Eisbrechern gehören. Zum Beispiel Politik, Geld und Einkommen, Partnerschaft oder Religion sind oft sehr persönlich und sprechen dadurch sehr stark die Gefühle an. Für einen sympathischen Gesprächseinstieg sind die unverfänglichen Spaßthemen viel nützlicher, um sich gegenseitig kennenzulernen.

Achten Sie auf das Umfeld, in dem Sie sich bewegen. Auf einer örtlichen Parteiversammlung lässt sich natürlich über politische Strategien fachsimpeln. Nach der sonntäglichen Messe wird über Kirche, Religion oder die Predigt gesprochen.

> Berücksichtigen Sie bei der Wahl der Einstiegsthemen immer die Situation, die Sie mit dem Gesprächspartner erleben.

Wichtig: Ereifern Sie sich nicht zu sehr, denn emotionale Entgleisungen schaden der Beziehung. Der Smalltalk geht nicht in die Tiefen eines Themas. Wer permanent zeigen muss, dass er sich besser auskennt als sein Gegenüber, schafft eine hierarchische Situation gegen den Willen seines Gesprächspartners.

> Wer sich die Rolle des Experten aneignet, wo partnerschaftlicher Umgang gewünscht ist, wirkt unsympathisch. Wer sich die Rolle des Experten aneignet, ohne die Akzeptanz oder die Legitimation zu besitzen, erzeugt Konflikte.

Widerstehen Sie der Versuchung, Ihren Wissensvorsprung vorschnell in das Gespräch einzubringen. Zuerst brauchen Sie eine sympathische partnerschaftliche Ebene. Ohne diese gemeinsame Basis und ohne die Akzeptanz des Gegenübers erzeugt hierarchisches Verhalten Ablehnung und Widerstand.

Drohende peinliche Gesprächslücken

Vielfach löst auch eine drohende Gesprächslücke Ängste aus. Diese können so stark sein, dass der Redebeitrag des Gegenübers ausschließlich dazu genutzt wird, Anschlussthemen zu finden. Durch dieses Verhalten sind Sie geistig abgelenkt. Der Partner nimmt Ihre Abwesenheit wahr und fühlt sich abgewertet. Bedauerlicherweise verstärkt sich dadurch auch noch das Problem, ein nächstes Thema finden zu müssen, denn durch mangelndes Interesse wird der Gesprächspartner oft einsilbig, ist weniger bereit, über ein Thema zu sprechen, und die Unterhaltung ebbt trotz verkrampfter Bemühungen ab.

Hat das Gespräch einmal etwas Fahrt aufgenommen, bietet der Gesprächsverlauf weitere Anknüpfungspunkte in Hülle und Fülle. Nehmen wir zum Beispiel ein Gespräch mit einem Arbeitskollegen über den verbrachten Urlaub. Die Kette in Abbildung 8 symbolisiert den Gesprächsverlauf. Der Einstieg lautet vielleicht: „Warst Du nicht in Kanada?" Damit wird das erste Kettenglied der Erzählung angestoßen:

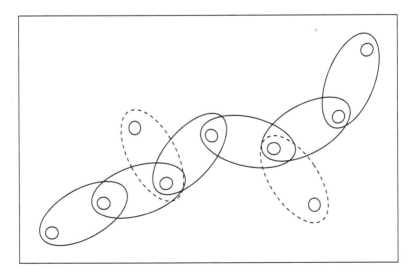

Abbildung 8: *Assoziationskette mit Rückgriffen*

1. Kettenglied: „Wir sind vom Frankfurter Flughafen direkt nach Vancouver geflogen."

2. Kettenglied: „Vom Zoll her war das alles unproblematisch und unser Mietwagen stand sofort für uns bereit."

3. Kettenglied: „Die erste Nacht haben wir in einem Hotel unweit vom Canada Place verbracht. Todmüde sind wir in die Betten gefallen."

4. Kettenglied: „Ein ausgiebiges kanadisches Frühstück am ersten Morgen und der Jetlag war schon fast vergessen."

5. Kettenglied: „Am ersten Tag haben wir Stanley Park und Chinatown besucht. Ich wusste gar nicht, dass in Kanada so viele Hongkong-Chinesen leben."

6. Kettenglied: „Später erzählte uns ein Einheimischer, dass sich die Immobilienpreise in Vancouver durch die Zuwanderung aus Hongkong in den vergangenen Jahren explosionsartig entwickelt haben."

Nehmen wir an, dass das Gespräch jetzt ins Stocken gerät und eine Gesprächslücke entsteht. Aus den bereits vorhandenen Informationen lässt sich durch einen Rückgriff das Gespräch flüssig weiterführen. Beispielsweise könnte einer der Beteiligten in folgender Weise das bisherige Gespräch aufgreifen:

Anknüpfend am 2. Kettenglied könnten Sie beispielsweise fragen: „Wie hast Du den Mietwagen von Deutschland aus organisiert?" Anschließend an Kettenglied Nummer 4: „Ein vernünftiges Frühstück im Bauch weckt die Lebensgeister – auch bei mehr als 10 Stunden Zeitverschiebung."

Je länger eine Unterhaltung dauert, desto mehr Möglichkeiten ergeben sich, bereits angesprochene Themen erneut aufzugreifen. Das zeugt von Interesse, denn Sie mussten sich die Fakten merken, um sie erneut aufzugreifen. Ein guter Zuhörer wirkt immer auch anerkennend auf seinen Gesprächspartner.

Der vermutete Korb vom Gegenüber

Viele Menschen nehmen an und befürchten, dass die eigenen Kontaktbemühungen vom Gegenüber abgelehnt werden. In ihrer Vorstellung könnte der Gesprächspartner reagieren mit: „Nein, geben Sie es auf. Sie sind so unattraktiv, einfältig und ermüdend, dass ich mich nicht mit Ihnen unterhalte. Gehen Sie!" Eine derartige Reaktion ist im Beruf wie im Privatleben denkbar unwahrscheinlich. Und trotzdem verbieten uns solche Gedanken eine interessante Kontaktaufnahme.

Einer der Gründe hierfür liegt darin, dass diese Menschen sich, ihr Leben und ihre Gesprächsthemen als uninteressant und langweilig erleben. Man will keinen schlechten Eindruck hinterlassen und dem potenziellen Gesprächspartner die eigene Gesellschaft nicht zumuten. Deshalb wird das Gespräch erst gar nicht aufgenommen. Diese Entscheidung ist jedoch fatal: Denn in diesem Fall steuern Annahmen über die Reaktion des Gegenübers das Verhalten und verhindern die Kontaktaufnahme. Schade ist, dass auf diese Weise die meist falschen Annahmen nicht durch Erfahrungen überprüft werden und deshalb auch nicht revidiert werden können.

Vor einigen Wochen sprach ich mit einer jungen Existenzgründerin. Sie unterließ die telefonische Akquisition von Terminen zur Darstellung ihrer Dienstleistung aus Angst davor, potenzielle Kunden zu verlieren. Es bestand die Gefahr, dass das benötigte Wachstum in der Anfangsphase nicht hätte generiert werden können. Es stellte sich während des Coachings heraus, dass sie nicht den Eindruck erwecken wollte, aufdringlich zu sein. Nach kurzem Gespräch wurde der Unternehmerin deutlich, dass sie den Kunden erheblichen Mehrwert stiften konnte. Trotzdem war das Unternehmen in seiner Startphase natürlich klein und unbekannt. Die Existenzgründerin erkannte, wie wichtig es ist, verstärkt zu akquirieren und die Kunden auf diese Vorteile aufmerksam zu machen. Sie veränderte ihre Einstellung vom „Bitten" um Aufträge in Klinkenputzer-Manier zum „Bieten" von Vorteilen, die sich für die Kunden rechnen. Dadurch wurde das An-„Bieten" deutlich leichter, und sie baute in kurzer Zeit einen beachtlichen Kundenstamm auf.

> Kommen Sie im Erstkontakt vom „Bitten" zum „Bieten". Bieten Sie ein interessantes Gespräch, aus dem sich vielleicht mehr entwickeln kann.

Sie sind ein interessanter Gesprächspartner, der viel erlebt hat und der angenehm erzählen kann. Vielleicht können Sie Ihrem Gegenüber nützlich sein und ihm berufliche Vorteile verschaffen. Es macht vielleicht auch nur Spaß, mit Ihnen Zeit zu verbringen, weil Sie eine angenehme Ausstrahlung haben und humorvoll sind. Ihr Gegenüber gewinnt, wenn er Sie kennt und mit Ihnen Kontakt hält.

Kontaktaufnahme mit dem Chef

Die Kontaktaufnahme mit dem Vorgesetzten ist oft eine besondere Herausforderung. Es werden dramatische Konsequenzen vermutet, wenn eine unbeabsichtigte Gesprächspause entsteht oder das Gespräch in anderer Form ein vermeintlicher Fehlschlag wird. Die Hierarchie wirkt wie ein Brennglas und entzündet die Angst vor der Blamage. Gleichzeitig ist der Kontakt zum Vorgesetzten besonders interessant. Eine gute Beziehung zum Chef sichert Informationen, ebnet Wege, erschließt zusätzliche Ressourcen und gibt Empfehlungen. Es gibt kaum eine Person, die mehr Einfluss auf Ihre Karriere geltend machen kann.

Auch mit Vorgesetzten können Sie die gemeinsame Gegenwart als Themenquelle nutzen. Erzählen Sie von einem angenehmen Erlebnis des Tages oder über einen Ihrer Erfolge. Wer sich weniger in den Vordergrund spielen will, kann auch die risikoarme Variante über das Wetter oder den Urlaub wählen. Damit brechen Sie das Eis und bieten einen sympathischen Gesprächseinstieg. Machen Sie ein Gesprächsangebot, auf das das Gegenüber eingehen kann.

Fehlt bisher eine eher persönliche Ebene oder sieht man sich gar das erste Mal, helfen im Übrigen auch die Umgangsformen, diesen Erstkontakt positiv zu gestalten. Ihre Begrüßung des Chefs oder das Händeschütteln durch den Chef zum Beispiel sind ritualisierte Formen der Kontaktaufnahme, die körperliche Nähe herstellen. Machen Sie dann eine allgemeine Aussage zur Situation oder darüber, dass Sie sich freuen, den anderen zu sehen oder endlich kennenzulernen. Untermauern Sie die Aussage körpersprachlich durch ein aufmunterndes Nicken und ein freundliches Lächeln verbunden mit Blickkontakt. Meist ist damit das Eis schon geschmolzen und eine angenehme Arbeitstemperatur stellt sich ein.

Manche Führungskräfte spüren ebenfalls diese Zurückhaltung aufgrund hierarchischer Unterschiede und bedauern dies sehr. Sämtliche Kommunikation ist überschattet von der Hierarchie, eine Begegnung auf gleicher Ebene findet kaum statt. Führungskräfte und Mitarbeiter können ihre betrieblichen Rollen nicht abstreifen. Um dieses Problem zu lösen, gibt es daher in vielen Unternehmen Örtlichkeiten, die als hierarchiefreie Räume gepflegt werden. Zum Beispiel bietet sich die Kantine als Forum der Begegnung auf gleicher Ebene an. Betriebsfremde Themen dienen bevorzugt dazu, dass sich Menschen außerhalb des Tagesgeschäftes kennen und schätzen lernen. Dadurch steigen vielfach auch die gegenseitige Wertschätzung und das Verständnis im betrieblichen Prozess. Es werden Beziehungen geknüpft, die sich auch bei der betrieblichen Leistungserstellung positiv auswirken. Der „kleine Dienstweg" macht vieles eben erst möglich.

Sollten diese hierarchiefreien Zonen nicht offiziell eingeführt sein, gibt es diese natürlich auch inoffiziell: auf dem Weg von oder zur Arbeit, in der Toilette, draußen beim Rauchen oder auf dem Betriebsausflug. Jedes Unternehmen hat seine inoffiziellen Foren. Vielleicht ist es auch die Fußballmannschaft des Betriebes oder das Kegeln am Samstagabend. Nutzen Sie diese Gelegenheiten, um Menschen außerhalb des Tagesgeschäftes kennenzulernen und auf sich aufmerksam zu machen. Dabei kommt es nicht darauf an, beim Kegeln alle Neune dreimal hintereinander abzuräumen und damit seine Kollegen auch in diesem Bereich in den Schatten zu stellen. Vielmehr ist entscheidend, ein angenehmer Gesprächspartner zu sein und positiv Kontakte zu pflegen. Funktionsträger bekommen Gesichter und dadurch wird betriebliches Miteinander menschlicher. Man erinnert sich gerne an Sie.

Das Gespräch findet kein Ende

Zeit ist eine knappe Ressource. Gleichzeitig werden Prioritäten sehr unterschiedlich gesetzt. Der eine Gesprächspartner sitzt auf heißen Kohlen, während der andere seelenruhig weitschweifig von seinen Erlebnissen am Wochenende erzählt. Manche Meetings ziehen sich scheinbar endlos bei kaum verwertbaren Ergebnissen.

Wer daraus ableitet, dass der Kontakt erst gar nicht aufgenommen werden sollte, zahlt einen hohen Preis. Er unterhält wenige Kontakte und gilt als wenig kommunikativ. „Fachlich ist er zwar gut drauf, leider kann er nicht so gut mit Leuten", lautet dann oft das vernichtende Urteil.

Eine viel bessere Strategie ist es, den Gesprächen selbst ein Ende zu setzen. Folgende Verhaltensweisen haben sich in der Praxis bewährt:

- ▶ Limitieren Sie die Zeit für das Gespräch zu Beginn: „Gut, Herr Laberer, schaffen wir das in fünf Minuten?" Gerade, wenn Ihr Gegenüber in einem redseligen Ruf steht, macht diese Aussage die Knappheit der Zeitressource bewusst.
- ▶ Kündigen Sie das Ende des Gespräches an: „Herr Bald-Schluss, zum Ende möchte ich Ihnen noch sagen …", „Bevor wir das Gespräch jetzt beenden, Herr Bald-Schluss, möchte ich Ihnen noch kurz sagen …"
- ▶ Gehen Sie einfach, wenn die für Sie wichtigen Dinge besprochen sind: „Herr Besprechungsleiter, was mich betrifft, sind wir durch. Ist es o.k., wenn ich das Meeting verlasse?" In der Regel bekommen Sie ein „Ja".

sein, können Sie sich das vorzeitige Verlassen auch von der Leitung im Vorfeld der Sitzung genehmigen lassen.
▶ Vertagen Sie das Gespräch: „Herr Späth, der Monatsabschluss erfordert noch einige Terminarbeiten und ich möchte mich auf Ihre Erzählung besser konzentrieren. Was halten Sie davon, wenn wir das in der Mittagspause weiter besprechen?" In der Regel fasst sich das Gegenüber jetzt deutlich kürzer.

Trotz aller Aufgabenverdichtung und dem täglichen Zeitdruck: Beachten Sie, dass Kontaktpflege der Beteiligten eine der wichtigsten Funktionen der Kommunikation ist.

Bisher haben Sie Anregungen erhalten, um Hemmungen im Erstkontakt abzubauen und mutig auf den Gesprächspartner zuzusteuern. Damit können Sie den ersten und wichtigsten Schritt auf das Gegenüber zugehen. Sie haben die Voraussetzung dafür geschaffen, dass ein angenehmer Kontakt entsteht.

3.3 Gebote für den erfolgreichen Erstkontakt

Ein beginnender Kontakt ist wie ein zartes Pflänzchen, das gehegt und gepflegt werden muss, damit es wächst und vielleicht sogar reiche Ernte einbringt. Deshalb sollten gerade die ersten Erfahrungen mit Ihnen positiv sein. Die Erlebnisse in den ersten Sekunden werden oft zum Maßstab für die restliche Beziehung. Alle weiteren Erfahrungen werden im Horizont dieser Anfangssituation interpretiert.

Im Folgenden erhalten Sie deshalb einige Anregungen, wie Sie den Gesprächsverlauf vom Anfang bis zum Ende interessant gestalten können. Beachten Sie diese Regeln und Sie werden ein begehrter Gesprächspartner sein.

Gesprächsbereitschaft signalisieren

Zeigen Sie Ihrem Gegenüber, dass Sie sich gerne unterhalten und dass gerade er ein willkommener Gesprächspartner ist. Nehmen Sie Blickkontakt auf und lächeln Sie den Menschen an. Wenn Sie die gleiche oder ähnliche Haltung wie der Partner einnehmen, signalisieren Sie, dass Sie auch emotional auf einer Wellenlänge mit ihm senden. Dadurch wird das Gefühl von gegenseitiger Anerkennung und Wertschätzung gestärkt. Interessieren Sie sich ehrlich für das Gegenüber und seine Themen. Dadurch werden Sie auch Ihre körpersprachlichen Instrumente authentisch einsetzen.

Vor einiger Zeit kam ein Teilnehmer aus dem Arzneimittelvertrieb mit dem Wunsch auf mich zu, er wolle erlernen, mit langweiligen und unsympathischen Menschen angenehm in Kontakt zu kommen. Meiner Ansicht nach ist dieser Wunsch unerfüllbar, denn man merkt sofort, wenn man innerlich von seinem Gegenüber abgelehnt wird oder man als langweilig empfunden wird. Der einzige Weg, auch mit diesen Menschen eine angenehme Beziehung aufzubauen, ist, die eigene Wahrnehmung zu verändern. Nur wenn Sie Ihr Gegenüber positiv wahrnehmen, wird eine angenehme Beziehung entstehen. Meine Anregung an den Teilnehmer lautete also folgendermaßen:

> Mache dir klar, welche positiven Eigenschaften und Stärken dein Gegenüber hat, und sprich diese an. Auf diesem Weg wirst du leicht angenehme Kontakte aufbauen.

Wenn Sie durch diese Verhaltensweisen eine verbindliche und angenehme Gesprächsatmosphäre verbreiten, werden Sie feststellen, dass Menschen Ihre Nähe suchen. Die Menschen werden auf Sie zukommen und möchten von sich aus mit Ihnen in Kontakt treten. Auf dieser Basis lässt sich dann das berufliche Fortkommen gestalten.

Mit anschlussfähigen Themen einsteigen

Wenn die Teilnehmer in unseren Seminaren gefragt werden, was sie von der Veranstaltung erwarten, kommt häufig die Antwort: „Ich möchte von den alltäglichen Einstiegsthemen wegkommen und andere Alternativen kennenlernen." Ich frage mich dann, warum sich diese Menschen die guten Einstiegsvarianten durch einen überzogen intellektuellen Anspruch erschweren wollen.

Warum ist das Wetter das am häufigsten genutzte Einstiegsthema? Das ist ganz einfach: Weil es so erfolgreich dazu dient, das Eis zu brechen. Jeder Mensch hat einen Bezug dazu. Absolut unverfänglich und ohne jede Verantwortung kann hemmungslos oberflächlich assoziiert werden. Man kann nahezu unerschöpflich anknüpfen: Kleidung, Urlaub, Garten, Landwirtschaft oder Wasserversorgung, das Wetter vor einer Woche oder das Wetter in einer Woche. Niemand ist schuld und alle können etwas dazu sagen. Ob Regen oder Sonnenschein: Alle haben es erlebt. Selbst bei einer größeren räumlichen Distanz, zum Beispiel zwischen zwei Gesprächspartnern am Telefon, kann man das Gegenüber zu seinem Wetter beglückwünschen, es ihm neidvoll gönnen oder mit ein paar durchs Telefon geschickte Sonnenstrahlen aufmuntern.

Das Banale ist doch bei der Anbahnung von Kontakten gewollt, um sich unverfänglich kennen zu lernen. Das Alltägliche hält für jedes Gegenüber viele Anknüpfungspunkte bereit. Nur wer sich in der Oberflächlichkeit als angenehm, verlässlich und vertrauenswürdig erweist, wird sich für tiefergehende Gespräche qualifizieren.

> Haben Sie den Mut zum banalen Einstieg.

Meist wird das erste Thema sowieso zügig verlassen und durch ein anderes ersetzt. Im Verlaufe des Gespräches gibt es dann Gelegenheit genug, um mit Detailwissen zu glänzen.

> Entwickeln Sie das Gespräch von der Oberflächlichkeit zur Tiefe und vom Allgemeinen zum Speziellen.

Lassen Sie dabei Ihr Gegenüber die Tiefe und den Spezialisierungsgrad bestimmen. Dadurch stellen Sie sicher, dass Ihr Gegenüber das Gespräch in Bereiche steuert, in denen es sich wohlfühlt. Erst kommt der Smalltalk, dann kommt die optimal platzierte Fachlichkeit. Wer den zweiten Schritt vor dem ersten geht, kommt leicht ins Stolpern.

Aktivierungsenergie erforderlich

Gelegentlich brauchen Sie vielleicht auch zwei oder drei Anläufe, bis sich der Gesprächspartner endlich am Gespräch beteiligt. Hier zahlt sich höfliche Hartnäckigkeit aus. Begrüßen Sie freundlich und warten Sie einen Augenblick. Die Art, wie Ihre Begrüßung erwidert wird, gibt Ihnen Aufschluss über die Gesprächsbereitschaft. Kommt nur ein müdes „Tag" oder schaut das Gegenüber nicht von seiner Zeitung herauf, hat es wohl keine Lust, sich zu unterhalten. Wenn Sie einen zweiten Versuch starten wollen, sagen Sie ein oder zwei geeignete Sätze als Eisbrecher und machen Sie dann eine kleine Pause. Sollte Ihr Gegenüber stumm bleiben, starten Sie vielleicht noch einen dritten Anlauf, indem Sie das Thema mit wenigen Sätzen fortführen oder ein neues ansprechen. Aber Achtung: Sie können nur ein attraktives Angebot machen, die Annahme liegt im Ermessen des Gegenübers. Der Charakter der Freiwilligkeit muss erhalten bleiben.

> Üben Sie Druck oder sogar Zwang auf das Gegenüber aus, wird sich dies negativ auf den Gesprächsverlauf auswirken.

Wer beharrlich die Signale seines Gegenübers ignoriert und dem Partner hartnäckig mit deutlichen Worten die eigene Gegenwart aufzwingt, wird Abneigung erzeugen und unsympathisch wirken. Verzichten Sie lieber zu diesem Zeitpunkt auf ein Gespräch. Vielleicht ergibt sich später nochmals die Gelegenheit dazu.

Gesprächsbeiträge aufwerten

Reagieren Sie positiv auf die Äußerungen des Gesprächspartners. Dies gilt im besonderen Maße, wenn diese Person über Einfluss im Unternehmen verfügt. Stimmen Sie zu und solidarisieren Sie sich. Ziel des Erstkontaktes ist es nicht, den Gesprächspartner zu überzeugen, ihn zu verändern oder gar zu erziehen. Ziel ist es, dafür Sorge zu tragen, dass der andere eine angenehme Zeit hat.

Wer nach dem Erstkontakt den Eindruck hinterlässt, ein zäher Verhandlungspartner zu sein, hat sich in der Sache vielleicht durchgesetzt. Auf lange Sicht hat es sich jedoch selten ausgezahlt, auf der Sachebene Siege zu erzielen und auf der Beziehungsebene Verlierer zu hinterlassen. Argumentation als Mittel des Überzeugungstransfers ist im Erstkontakt vollkommen deplaziert.

> Suchen Sie Gemeinsamkeiten statt Meinungsunterschiede.

Unsere Gemeinsamkeiten zeigen, dass wir gleiche Erfahrungen gemacht haben und aus dem gleichen Holz geschnitzt sind. Besonders schön ist es, wenn diese Gemeinsamkeiten unverhofft auftreten. Ein Hotelier auf Isla Margarita kannte beispielsweise eine Moto-Cross-Strecke in der Nachbarschaft meines Wohnortes. Das schuf fern der Heimat natürlich ein Gefühl der Zusammengehörigkeit.

Gleiche Hobbys oder ähnliche berufliche Umfelder erschließen Anschlussthemen und lassen auch bei Einstellungen und Fähigkeiten Ähnlichkeiten vermuten. Ein starkes gemeinschaftliches Fundament für eine gemeinsame Zukunft entsteht.

Vielen Menschen fällt es schwer, gegenüber dem Chef oder anderen hierarchisch höher stehenden Personen positive Worte zu finden. Diese Aufwertungen lösen bei ihnen Bilder von Speichelleckerei und Anbiedern aus. Diese Assoziationen sind vollkommen fehl am Platz. Sie brauchen gute Beziehungen, um langfristig hervorragende Arbeit zu leisten.

Viele Menschen machen den strategischen Fehler, dass sie bei den kleinen Dingen des beruflichen Alltags unnachgiebig sind und damit die Beziehung belasten, bevor sie richtig aufgebaut wurde und arbeitsfähig ist. Wer Karriere machen möchte, sollte anders vorgehen: Zunächst geht es darum, eine belastbare Arbeitsbeziehung durch kompetentes und sympathisches Auftreten aufzubauen. Damit ist die Basis gegeben, um sich bei den karriereentscheidenden Dingen in der beruflichen Welt durchzusetzen. Langfristig lassen sich mit dieser Strategie sehr wirkungsvoll betriebliche Rahmenbedingungen gestalten.

> Es sind häufig nicht die Fakten, sondern es ist die Beziehungsqualität, die über die Karriere entscheidet.

Fragen richtig dosiert einsetzen

Grundsätzlich gilt, dass Sie interessiert wirken, wenn Sie Fragen stellen. Deshalb ist der gelegentliche Einsatz von Fragen im Erstkontakt durchaus empfehlenswert. Fragen sind wie das Salz in der Suppe. Wohl dosiert verfeinert es den Genuss, im Übermaß macht es die Speise jedoch ungenießbar.

Der Fragesteller erfährt viel, gibt jedoch nichts von sich preis. Dadurch sind die Informationen ungleich verteilt. Gleichzeitig fordert der Frager viel Vertrauen ein, denn der Gefragte öffnet sich und geht damit massiv in Vorleistung, indem er sich, seine Beweggründe und Gefühle offenbart. Der Frager verbirgt sich dagegen geschickt hinter gestellten Fragen.

Gerade zum Gesprächseinstieg ist dies eine sehr unglückliche Konstellation. Nehmen wir zum Beispiel an, Sie beginnen eine Konferenz und sind als Erster im Raum. Zügig gesellt sich ein anderer Teilnehmer zu Ihnen und stellt Ihnen ein paar Fragen, die Sie wohlerzogen beantworten:

Teilnehmer: „Guten Tag, mein Name ist Neugier. Wollen Sie auch an der Konferenz teilnehmen?"

Sie: „Ja. Mein Name ist Sprechner."

Teilnehmer: „Was erwarten Sie von der Konferenz?"

Sie: „Ich erwarte, dass wir über Führungsprobleme in der Praxis sprechen."

Teilnehmer: „Wo haben Sie denn da Probleme?"

Spätestens jetzt tendiert bei den meisten Menschen die Lust, sich weiter zu öffnen, gegen null, denn außer dem Namen wissen Sie noch sehr wenig von ihrem Gegenüber.

Hätte der Teilnehmer mit Aussagen statt mit Fragen gearbeitet, wäre Ihre Gesprächsbereitschaft viel stärker gefördert worden, wie anhand folgendem Beispiel deutlich wird:

Teilnehmer: „Guten Tag, mein Name ist Neugier. Ich will an der Konferenz zum Thema Motivieren – Delegieren – Kritisieren teilnehmen."

Sie: „Ja, da möchte ich auch teilnehmen. Mein Name ist Sprechner."

Teilnehmer: „Ich erwarte von der Konferenz, dass Wege aufgezeigt werden, wie Kritikgespräche besser geführt werden können."

Sie: „Ja, das erwarte ich auch, dass wir über Führungsprobleme in der Praxis sprechen."

Teilnehmer: „Ich finde Situationen schwierig, wenn sich abgesprochene Ziele verändern."

Sie: „Ja, das finde ich auch schwierig."

Nun hat das Gespräch einen viel offeneren Charakter, weil Ihr Gegenüber auch Informationen über sich preisgegeben hat. Vielleicht setzt man sich zusammen und tauscht sich in den Pausen aus. Im ersten Beispiel ist eine gemeinsam verbrachte Pause eher unwahrscheinlich.

Zu viele Fragen lassen schnell einen Verhörcharakter entstehen, der den Gesprächspartner auf die Anklagebank setzt. Diese Rollenverteilung ist mit der angestrebten Leichtigkeit unvereinbar. Von daher gilt der Grundsatz:

| Fragen sind gut, Aussagen sind viel besser.

Dialog statt Monolog

Kennen Sie Kollegen, die über ihre Lieblingsthemen nahezu endlos und immer wieder erzählen? Wenn ja, dann wissen Sie, wie ermüdend es ist, wenn man den nächsten Satz oder die Pointe schon kennt. Ich kenne zum Beispiel einen Jäger, der immer wieder erzählt, wie er in Polen einen kapitalen Hirsch zur Strecke gebracht hat. Um Längen penetranter ist jedoch der Feuerwehrmann, der eine Brandstiftergeschichte auf einem Neujahrsempfang zum Besten gab, obwohl sieben der acht Anwesenden die Geschichte bereits detailliert kannten – peinlich.

Wenn Sie derartige Erfahrungen auch gemacht haben, wissen Sie, dass eine interessante Gesprächsbasis anders aufgebaut werden muss. Viel lohnender ist es, wenn die Gesprächsbeiträge häufiger wechseln. Damit stellen Sie sicher, dass Ihr Gesprächspartner interessiert ist und sich beteiligen kann. Mit jedem Gesprächsbeitrag bekommt der andere das Ruder in die Hand und kann die Richtung des Gespräches mit beeinflussen. Wer jetzt genau hinhört und die Gesprächsimpulse sensibel wahrnimmt, bekommt wichtige Informationen über die Wünsche und Bedürfnisse des Gegenübers.

In der Gesprächspraxis lässt sich diese Empfehlung zum dialogischen Aufbau von Gesprächen sehr leicht umsetzen. Machen Sie nach einigen Sätzen eine kurze Pause, damit das Gegenüber einhaken kann. Wird die Gesprächspause vom Partner nicht genutzt, sprechen Sie einfach weiter. Sollte sich der andere über einen längeren Zeitraum nicht beteiligen, regen Sie durch eine gestellte Frage zu einem Beitrag an. Dadurch erhalten Sie wertvolle Rückmeldung über Ihren Beitrag und die vom Gesprächspartner gewünschte Richtung der Unterhaltung.

> Machen Sie ein paar Sätzen eine kurze Pause, um Ihrem Gesprächspartner die Gelegenheit zu geben, selber zu erzählen. Nutzt er die Möglichkeit nicht, erzählen Sie weiter.

Allgemeinwissen einsetzen

Am Anfang meiner Tätigkeit als Trainer veranstaltete ich gemeinsam mit einem bereits emeritierten Professor Seminare zum Thema Kommunikation. Eines Samstagsabends sagte er zu mir, dass er am Sonntag mit mir frühstücken wolle. Der Seminarbeginn lag um 9.00 Uhr und er wollte um 6.30 Uhr mit mir das Frühstück einnehmen.

Ich konnte mir nicht erklären, warum ich so früh mit meinem Kollegen den Tag beginnen sollte, und auch auf eine Nachfrage bekam ich nur ausweichend zur Antwort: „Du wirst schon sehen, 'Lernen' ist das Thema." Wesentlich schlauer war ich durch diese orakelhafte Antwort natürlich auch nicht. Um Punkt 6.30 Uhr saß ich am Tisch und der Herr Professor wartete schon. Er sagte: „Na, Matthias, wie hat denn Schalke gespielt?" Ich antwortete ehrlich: „Weiß ich doch nicht. Für Fußball interessiere ich mich wirklich nicht sonderlich." An seine Reaktion erinnere ich mich heute noch. Er erwiderte: „Für einen Kommunikationstrainer ist das ein Armutszeugnis. Worüber willst Du Dich mit Deinen Teilnehmern unterhalten, wenn Du nichts von deren Themen verstehst? – Hier ist die Zeitung. Du hast 15 Minuten Zeit." Mit diesen Worten gab er mir die Sonntagszeitung und ich machte mich mit der Sportseite, die ich normalerweise immer überblätterte, kundig. Während des Frühstücks führte ich ein Gespräch über die Begegnungen des Wochenendes und die Bundesliga.

Ich denke immer noch dankbar an diese morgendliche Lektion zurück. Mein alter Freund hatte recht. Ich hatte wirklich etwas Wertvolles gelernt. Wer sich mit Menschen unterhalten will, muss ihre Themen kennen.

> Ein breites Allgemeinwissen zu den aktuellen Themen der Zeit ist für den Smalltalk sehr förderlich.

Guter Erzähler sein

Welche Eigenschaften und Fähigkeiten zeichnen einen guten Erzähler aus? Der berühmte Ausspruch von Martin Luther bringt es auf den Punkt:

> „Tritt fest auf, mach's Maul auf, hör bald auf."

Gute Erzähler beeindrucken ihre Zuhörer. Doch werden diese Fähigkeiten kaum noch gepflegt, denn die frühere Erzählstunde zur Abenddämmerung ist leider weitgehend abgelöst vom abendlichen Fernsehprogramm. Der aktive Erzähler von damals ist heute zum passiven Konsum verdammt und stumm. Deshalb möchte ich Ihnen einige Anregungen geben, durch die Sie ein guter Erzähler werden:

Als guter Erzähler beschreiben Sie möglichst plastisch die Handlung und verwenden dabei viele ungewöhnliche Adjektive und Adverbien. Sie sprechen in bewegten Bildern, die die Fantasie reizen und zum Träumen anregen. Substantive werden in Verben gewandelt. Dadurch fließen die Assoziationen des Publikums. Pausen bewirken, dass die Bilder vor dem geistigen Auge der Zuhörer entstehen können. Sie bauen einen Spannungsbogen auf und arbeiten mit spannenden und entspannenden Situationen, die sich abwechseln.

Ein guter Erzähler stellt sich auf die Gefühle seines Zuhörers ein, fängt mit wenigen Emotionen an, die er steigert, bis sich sein Publikum emotional mitreißen lässt. Er spricht die Sinneswahrnehmungen des Publikums an und versetzt es damit in die Geschichte. Worte werden greifbar, sichtbar und hörbar, indem er erzählt, wie es in der Geschichte aussieht, welche Geräusche zu hören sind, wie es riecht und wie gruselig oder glücklich sich die Personen fühlen.

Setzen Sie Ihre Sprache wirkungsvoll ein, indem Sie mit laut und leise (Lautstärke), hoch und tief (Klangfarbe) und langsam und schnell (Sprechgeschwindigkeit) spielen, um Ihre Erzählung mitreißend zu gestalten. Arbeiten Sie mit kurzen Ausrufen (Interjektionen), damit die Erzählung noch abwechslungsreicher wird. Gesten und Mimik unterstreichen das Gesagte. – Der Zuhörer wird Wort für Wort in Ihren Bann gezogen.

Wörtliche Rede haucht den handelnden Menschen mehr Leben ein und lässt sie aktiver werden. Rhetorische Fragen werden eingesetzt, um das Publikum zu beteiligen und die Zuhörer neugierig zu machen. Zusätzlich lassen sich die Erzählzeiten verändern. Zum Beispiel wird, um die Spannung und Betroffenheit zu erhöhen, von der Vergangenheit in die Gegenwart gewechselt.

Ein guter Erzähler bevorzugt natürlich kurze Sätze, die auch einmal unvollständig sein können. Dadurch werden Handlungen gerafft oder er lässt den Vorstellungen des Publikums freien Lauf.

Neben aller Begeisterung für die eigenen Geschichten und Erlebnisse sollten Sie die Aufmerksamkeit Ihres Gegenübers in Blick haben. Der beste Eindruck, den Sie als Erzähler hinterlassen können, ist: „Schade, ist leider schon vorbei."

> Ein guter Erzähler weiß ein frühzeitiges und interessantes Ende zu inszenieren.

Aufhängerliste ermöglicht Brückenschlag

„Aufhänger" sind Informationen über den Gesprächspartner, die als Themen für den Gesprächseinstieg genutzt werden können, um das Eis zu brechen. Vielen Menschen fehlt leider diese Gesprächsgrundlage, weil sie zu wenig übereinander wissen. Aufhänger für ein Gespräch werden schmerzlich vermisst. Menschen werden sich in Zukunft fremd bleiben, weil sie sich in der Gegenwart fremd geblieben sind.

Eine Teilnehmerin stand vor genau diesem Problem. Sie hatte geheiratet und deshalb ihren angestammten Wirkungskreis verlassen. Eine neue Stadt und ein Partner, der in der Öffentlichkeit steht, konfrontierten sie mit vielen Menschen, die ihr gänzlich unbekannt waren. Gleichzeitig war sie in ihrem bisherigen Leben gesellig und kommunikativ. Deshalb fühlte sie sich in der neuen Situation sehr unwohl.

Nach der Analyse der neuen Lebensbedingungen ergab sich, dass dieses unangenehme Gefühl gerade bei beruflichen Verpflichtungen ihres Gatten auftrat, bei denen sie ihn begleitete. Sie wurde zwar den Umgangsformen gehorchend vorgestellt, darüber hinaus war er jedoch mit seinen Geschäftspartnern, Freunden und Bekannten in Kontakt. Ihr wurde die Rolle der „schweigenden Schönheit" zugeteilt.

Auf meine Anregungen hin führte sie als Lösung mit ihrem Gatten im Vorfeld einer beruflichen Verpflichtung ein kurzes Gespräch, in dem folgende Liste ausgefüllt wurde:

Tabelle 8: Aufhängerliste ermöglicht das Knüpfen von Kontakten

Name	Aussehen	Hobbys/Beruf	Interessant
Hans Müller	Vollbart Nickelbrille raucht Pfeife	Segeln Buchhaltung	Kleintierzüchter

Name	Aussehen	Hobbys/Beruf	Interessant
Vera Smid	dunkle lange Haare	? Abteilungsleiterin	vertreibt nebenher Sportartikel

Diese Liste ermöglicht die eigenständige Kontaktaufnahme. Die Rubriken „Hobby", „Beruf" und „Interessant" enthalten Themen, die als Aufhänger zum Gesprächseinstieg genutzt werden können. Bei kleineren Veranstaltungen bis zu dreißig Gästen lassen sich die Namen problemlos anhand des Aussehens einer Person zuordnen. Dadurch konnte die Teilnehmerin auch ohne die Hilfe ihres Gatten Kontakt aufnehmen, selbst initiativ werden und hatte sofort eine aktive Rolle.

Nutzen Sie diese Aufhängerliste bei Ihren beruflichen oder privaten Verpflichtungen. Gerade wenn Sie vermutlich auf viele Unbekannte treffen, leistet sie Ihnen einen wertvollen Dienst. Der Veranstalter oder Gastgeber gibt meist gerne Auskunft, und Ihre intensive Vorbereitung auf seine Veranstaltung wirkt auch auf ihn als Aufwertung.

Ein guter Erstkontakt lässt sich anhand der Aufhängerliste gut vorbereiten.

Abbrechen, wenn's gut läuft

Oft schleppt sich das Ende des Smalltalks mühsam dahin. Man hat sich eigentlich nichts mehr zu sagen, alle klassischen Themen sind durchgehechelt und keiner der Beteiligten findet einen geeigneten Vorwand, um das Gespräch zu beenden.

Es gilt auch hier der Grundsatz, dass der letzte Eindruck in Erinnerung bleibt. Findet ein Gespräch derart schleppend und qualvoll sein Ende, ist man oft froh, es überstanden zu haben, und glücklich, wenn man dem

Kontakt beim nächsten Mal entrinnen kann. Das sind schlechte Vorzeichen für das nächste Gespräch und die berufliche Zukunft.

Hier ist ein Strategiewechsel zwingend erforderlich, um einen nachhaltig guten Eindruck zu hinterlassen und ein gutes Gespräch zu einer Empfehlung werden zu lassen.

Erzählen Sie eine Geschichte oder ein Erlebnis nicht komplett zu Ende. Lassen Sie stattdessen interessante Fakten offen und erzeugen Sie damit Neugier auf einen erneuten Kontakt. Dadurch wird der letzte Eindruck gemeinsam mit Ihnen sehr angenehm.

Wecken Sie Vorfreude beim Gegenüber, indem Sie ein weiteres interessantes Erlebnis in Aussicht stellen und dieses auf das nächste Treffen verschieben. Durch diese Strategie arbeiten Sie bereits an der Gesprächsgrundlage für das nächste Treffen und Ihr Gesprächspartner freut sich auf ein Wiedersehen.

> Beenden Sie das Gespräch bereits, wenn es gut läuft und sich Ihr Gesprächspartner wohlfühlt. Damit schaffen Sie eine gute Basis für den nächsten Kontakt.

3.4 Verbote für den erfolgreichen Erstkontakt

Den Geboten stehen auch einige Verbote gegenüber. Diese Einschränkungen der Verhaltensweisen helfen in der Praxis sehr, um Enttäuschungen vorzubeugen und damit Ihre Motivation zu erhalten. Außerdem gewährleisten diese Richtlinien, dass Sie den Erstkontakt in einer freundlichen Atmosphäre halten.

Zu hohe Erwartungen

Oft sind Menschen enttäuscht, wenn beim ersten Kontakt nicht direkt Visitenkarten ausgetauscht werden oder ein sofortiger Auftrag erteilt wird. Manche Menschen versuchen sogar, den Gesprächspartner vom Erstkontakt übergangslos in die Vertrautheit einer langjährigen Freundschaft zu ziehen. Leider überfordern sie dadurch manchmal ihr Gegenüber und wundern sich, wenn der Gesprächspartner auf Distanz geht.

Die Kontaktaufnahme ist ein Lernprozess, Menschen lernen sich gegenseitig kennen. Ist das Lerntempo unangemessen hoch, wird der Lernstoff abgelehnt und der Lernprozess abgebrochen. Wer zu schnell Nähe und Vertrautheit herstellt, erzeugt Ablehnung und Widerstand beim Gegenüber. Dies gilt sowohl im Beruf als auch im Privaten.

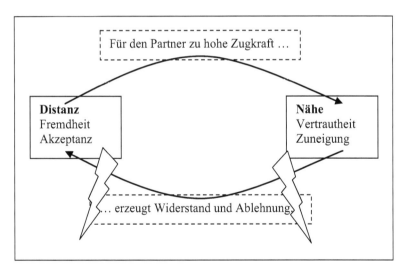

Abbildung 9: *Zu hohe Erwartungen erzeugen Widerstand*

Geben Sie sich mit einer verbindlichen Gegenwart zufrieden, genießen Sie die angenehme Gesellschaft. Ihre positiven Gefühle werden auf Gegenseitigkeit beruhen. Je tragfähiger Sie die Fundamente legen, umso größer kann das berufliche oder private Gebäude werden, das darauf aufgebaut wird. Wer dagegen bei den Fundamenten pfuscht, dem wird das Gebäude bald zusammenstürzen. Nehmen Sie sich Zeit für eine tragfähige und angenehme Basis zum Gesprächspartner, lassen Sie die Fundamente aushärten, bevor Sie das Gebäude errichten. Gut Ding will auch hier Weile haben.

> Wer sich aufdrängt, erzeugt Widerstand.

Überzeugen, belehren und erziehen

Wer überzeugen will, glaubt, dass seine Meinung besser ist als die des Gegenübers. Wer belehrt, macht sich zum Lehrer, während der andere der Schüler ist. Erzogen wird ein kleines Kind, das noch nicht weiß, wie es sich zu verhalten hat. Alle drei genannten Situationen passen nicht zum partnerschaftlichen Umgang, der beim Erstkontakt erforderlich ist.

Menschen, die überzeugen, belehren oder gar erziehen, stellen sich über ihren Gesprächspartner. Es entsteht eine Hierarchiesituation, die unangenehme Gefühle auslöst. Stellt sich jemand über mich, hält er sich für etwas Besseres und glaubt, mir überlegen zu sein. Der andere eignet sich eine führende Rolle an ohne mein Einverständnis. Wird bereits als Eisbrecher ein derart arrogantes Verhalten an den Tag gelegt, wird eine Beziehung nur aufrechterhalten, wenn es die Höflichkeit erfordert. Freiwillig wird ein solcher Kontakt nicht vertieft.

Anders liegt der Fall, wenn sich nach mehreren Kontakten herausgestellt hat, dass ein sympathischer Mensch einen Wissens- oder Erfahrungsvorsprung hat. In der Gegenwart dieses Menschen lasse ich mich gerne überzeugen und bin auch bereit, mein Verhalten zu hinterfragen und gegebenenfalls zu verändern. In diesem Falle begebe ich mich freiwillig in die Rolle des Lernenden.

Die Bereitschaft zu lernen kann beim Erstkontakt nicht vorausgesetzt werden. Sie wächst mit den Erfahrungen einer partnerschaftlichen Beziehung.

Übertrumpfen

Niemand will permanent übertrumpft und ausgestochen werden. Wer ständig die höhere Karte zieht, gibt dem Mitspieler keinen Stich, lässt ihn nicht aus dem Schneider kommen. Ein solches Spiel macht keinen Spaß und wird sehr unangenehm, wenn es vor Publikum stattfindet. Solche Ich-lasse-dir-keinen-Stich-Menschen werden eher gemieden. Sie sind in allem und jedem besser, haben alles schon vorher erlebt und waren bereits überall.

Tabelle 9: Übertrumpfen des Gesprächspartners

Aussage	Übertrumpfen des Partners
„Ich mag das Ijsselmeer als Segelrevier sehr."	„Die Karibik ist natürlich noch viel schöner."
„Morgen fliege ich nach Berlin zu einer Besprechung."	„Ich begleite in einer Woche wieder die Aufnahmen in Kapstadt."
„Mein Sohn studiert Jura."	„In Harvard?"
„Wir haben uns einen Kühlschrank von Diemens gekauft."	„Von Diemens? Die von ABG schneiden im Test besser ab."
„Ich habe mich entschlossen, mein Englisch wieder aufzufrischen."	„Gute Entscheidung, ich telefoniere auch dauernd mit den Staaten."
„Gott sei Dank haben wir 2010 ein Umsatzwachstum von 12 Prozent und ein Gewinnwachstum von 8 Prozent."	„Damit liegt ihr allerdings unter dem Branchendurchschnitt."

Diese Menschen sind mitunter in einigen Bereichen wirklich gut und haben schon viel erlebt. Leider reicht es ihnen nicht, mit diesen Sachverhalten zu brillieren. Sie verhalten sich unangemessen im Kontakt mit ihrem Gesprächspartner und verursachen beim Gegenüber Ablehnung.

Dem guten Spieler teilt das Leben immer auch ein paar Trümpfe aus. Der Erstkontakt ist kein Forum für höher, besser, weiter. Das Spiel soll allen Beteiligten Spaß machen. Der gute Spieler achtet darauf, dass jeder mal einen Stich bekommt. Erkennen Sie Ihr Gegenüber als guten Spieler an, wertschätzen Sie seine Karten und seine Spielweise.

> Ziel des Erstkontaktes ist nicht das Gewinnen, sondern das gemeinsame Spiel.

Klettenverhalten

Der erfolgreiche Erstkontakt ist freiwillig, unverfänglich und macht Spaß. Es ist angenehm, die Gesellschaft von sympathischen Personen zu genießen, zu lachen und es sich während des Kontaktes gut gehen zu lassen. Das sind die schönen Momente auf beruflichen Empfängen und nachbarschaftlichen Partys. Doch wie störend, unsensibel und deplaziert wirken da Menschen, die Ihnen ständig an der Seite kleben und krampfhaft den Kontakt in die Länge ziehen. Wie eine Klette haften diese penetranten Menschen an ihrem Gegenüber. Die Unterhaltung quält sich von einem Langweiler zum nächsten und schnürt fast die Luft zum Atmen ab. Solche Situationen sind häufig betont unangenehm und kaum zu lösen. Als einziger Ausweg erscheint der vorgeschobene Harndrang. Wenn man allerdings Pech hat, kommt die Klette mit.

Lösen Sie sich frühzeitig aus einer unvorteilhaften Situation. Eine lockere Sitzordnung oder Stehtische ermöglichen wechselnde kurze Gespräche. Beenden Sie den Kontakt mit einer positiven Aussage zur Gesprächsqualität: „Sie sind ein angenehmer Gesprächspartner. Vielleicht sehen wir uns wieder. Dann erzähle ich Ihnen von [interessantes Thema für das Gegenüber]."

Verweigern Sie sich sehr langen Gesprächen. Mit der zunehmenden Länge des Gespräches steigt die Herausforderung, den Kontakt kurzweilig zu gestalten. Versucht Sie Ihr Gesprächpartner festzuhalten, lösen Sie sich bewusst.

Gesprächspartner, die sich rar machen, sind viel attraktiver als Menschen, die endlos Zeit haben, weil niemand ihre Gegenwart wünscht oder braucht.

> Wer klammert, nährt den Wunsch, sich aus der Umklammerung zu befreien. Wer gehen lässt, kann das Wiedersehen freudig feiern. Verweigerung erzeugt Begierde.

3.5 Netzwerke im Internet

Es gibt eine Vielzahl von Netzwerken im Internet. Die Grundidee ist genial und immer die gleiche: Ich habe oder kann etwas, was andere gebrauchen können. Leider wissen die nichts davon. Also wird ein Forum geschaffen, in dem sich diese beiden Seiten begegnen können.

Die Idee ist brillant und funktioniert überall dort, wo es um einfache Waren geht, die ausgetauscht oder veräußert werden. Bei komplexen beratungsintensiven Dienstleistungen, ist das Internet meist überfordert. Kaum jemand stellt einen Mitarbeiter ein, den er vorher nicht persönlich kennengelernt hat.

Es bleibt auch in Zeiten des Internets dabei:

> Es gibt nicht besseres als das persönliche Gespräch, um Kontakte zu knüpfen und zu pflegen.

Als zusätzliches Instrument der Kontaktpflege ist das Internet unschlagbar. Kontakte lassen sich via Internet preiswert und schnell pflegen. Man fühlt sich geistig nahe, auch wenn die räumliche Distanz groß ist. Die Welt wird virtuell zu einem Dorf, in dem gewiefte Netzwerker wohnen, die sich austauschen, etwas füreinander tun und voneinander lernen. „Wenn einer eine Reise tut ..." und das in den eigenen vier Wänden am Schreibtisch sitzend. Es ist nur eines wirklich wichtig: Das WWW ist ein Instrument, um die eigene persönliche Kontaktpflege zu ergänzen. Sollte das Internet die Rolle bekommen, die persönliche Kontaktpflege komplett zu ersetzen, nimmt die Qualität der Kontakte ab. Die Kommunikation verliert Facetten und verarmt. Schade und wenig wünschenswert für Menschen, die Kontakte beruflich nutzen wollen.

3.6 Kontakte beruflich nutzen

In der Apostelgeschichte 20, 35 zitiert der Apostel Lukas Jesus mit den Worten: „Geben ist seliger als Nehmen." Zuerst kommt das Geben. Sie verschaffen anderen einen Nutzen und erzeugen damit beim Gegenüber Dankbarkeit. Da Sie dies geschickt bewerkstelligen können, ohne selbst einen nennenswerten Aufwand zu haben, fällt es Ihnen leicht, Dankbarkeit in größerem Umfange zu erzeugen.

Sie treten in Vorleistung, um Ihr Netzwerk anzukurbeln. Dabei sollten Sie die Kunst beherrschen, sich Menschen durch Kleinigkeiten zu verpflichten. Wenn Sie ein Gerät ausleihen, das Sie gerade selbst nicht brauchen, ist Ihr Aufwand gering. Ein Gruß aus dem Urlaub kostet nicht viel. Wenn Sie eine nützliche Information weitergeben, ist dies in ein paar Minuten erledigt. Vielleicht gibt es ein Angebot oder einen anderen Kontakt, den Sie nutzen können, um Menschen in der beruflichen Umwelt zu helfen. In Zeiten sozialer Verarmung ist der angenehme Kontakt zu Ihnen vielleicht auch schon ein Wert, der Menschen dankbar werden lässt.

> Man muss Kontakte pflegen, wenn man sie nicht braucht, damit man sie hat, wenn man sie braucht.

Am Anfang meiner beruflichen Laufbahn als Trainer bekam ich montags gegen 9.20 Uhr einen Anruf von einer Angestellten eines Bildungsträgers. Sie war in Not, denn sie hatte vierzehn Teilnehmer einer Bildungswoche und der Trainer für die Maßnahme war nicht gekommen und auch nicht erreichbar. Vor ein paar Monaten hatte ich mit ihr gesprochen und sie gebeten, mich zu informieren, wenn ich etwas für sie tun könnte, – nun war es soweit. Ich sicherte ihr zu, dass um 11.00 Uhr jemand die Veranstaltung für den Rest der Woche leiten werde. Ich hatte eine halbe Stunde Zeit, zwei meiner eigenen Termine während der Woche zu delegieren, den unverhofften Seminartag vorzubereiten und einige wichtige Telefonate zu erledigen. Um kurz vor 10.00 Uhr fuhr ich zum Bildungsträger und führte das Seminar durch. Diese Blitzaktion sicherte über zehn Jahre eine unkomplizierte und ertragreiche Geschäftsbeziehung. Dies war nur möglich, weil die Mitarbeiterin des Bildungsträgers an mich gedacht hatte und ich an zwei Netzwerkpartner meine eigenen Termine kurzfristig delegieren konnte.

Ein Netzwerk funktioniert dauerhaft natürlich nur dann, wenn es allen Beteiligten nützt. Wer sein Netzwerk nutzt, stellt deshalb immer Win-win-Situationen her. Wenn Menschen etwas beruflich für Sie tun, revanchieren Sie sich durch eine Gegenleistung. Wenn Sie jemand auf eine vakante Stelle für Sie aufmerksam macht, gehen Sie mit ihm essen oder treffen Sie sich im Eiscafé und pflegen Sie den Kontakt. Sollten Sie die Stelle dann bekommen, rufen Sie den Tippgeber an und signalisieren Sie Dankbarkeit und Hilfsbereitschaft: „Wenn ich mal etwas für Sie tun kann, lassen Sie es mich wissen."

Haben Sie die Rolle des Tippgebers, dann achten Sie darauf, dass Sie damit mehreren Personen nützlich sein können. Demjenigen, der eine Stelle zu besetzen hat, können Sie eine gute Besetzung verschaffen, dem

Bewerber eine attraktive Stellung. Machen Sie den Nutzen beiden Beteiligten deutlich und verpflichten Sie sich beide.

Bei eigenen Führungskräften ist es relativ leicht, eine Win-Win-Situation herzustellen. Der „win" Ihres Vorgesetzten liegt in dem Mehrwert, den Sie für seinen Verantwortungsbereich schaffen werden, wenn Sie den Karrieresprung machen. Nehmen Sie Ihrer Führungskraft mögliche Unsicherheiten durch:

- ▶ die genaue Dokumentation bisheriger Leistungen und der dadurch ausgelösten betrieblichen Wertschöpfung;
- ▶ hohe Verlässlichkeit und Vertrauenswürdigkeit mittels häufigem Austausch über die Arbeitssituation.

Wenn die Führungskraft ihre Ziele durch Ihre Beförderung besser erreichen kann, hat sie einen Vorteil, der sich für sie in Euro und Cent auszahlt. Legen Sie in der Verhandlung mit der Führungskraft den Schwerpunkt auf den Nutzen des Vorgesetzten, Ihr eigener Vorteil ist sekundär und quasi ein Abfallprodukt.

Werfen Sie Ihren Hut beherzt in den Ring

Das Veränderungstempo vieler Organisationen ist atemberaubend. Prozesse, die gestern noch zementiert schienen, werden heute zur Disposition gestellt. Daraus ergeben sich mitunter neue Stellen, die personell ausgestattet werden müssen.

Wenn in solchen Situationen Ihr berufliches Umfeld weiß, dass Ihre Veränderungsbereitschaft sehr hoch ist, denkt man an Sie, weil Sie im Vorfeld Ihren Hut in den Ring geworfen haben.

Vermeiden Sie dabei, aufdringlich zu sein. In der Anfangsphase befinden Sie sich im Smalltalk. Alle Regeln, die Sie auf den vorherigen Seiten kennen gelernt haben, gelten weiterhin.

Das Netzwerk des Netzwerkpartners

Vielfach werden kleine Netzwerke in ihrer Bedeutung unterschätzt. Zum einen ist nicht die Anzahl der Kontakte entscheidend, sondern die Qualität. Zum anderen ist ein kleines, gut gepflegtes Netzwerk nützlicher als ein großes ohne die Zeit zur Kontaktpflege.

Außerdem erschließt ein Netzwerk auch immer die Kontakte der Netzwerkmitglieder. Wenn wir anfangs von den zwanzig Netzwerkmitgliedern ausgehen und fünf davon selbst über zwanzig Kontakte verfügen, dann verfügen wir insgesamt über einhundertzwanzig Kontakte. Das ist schon eine beachtliche Anzahl. Die Netzwerke, die sich hinter den einhundert Kontakten unserer Netzwerkpartner möglicherweise verbergen, erschließen ihrerseits noch Kontakte.

Jeder hat eine Vielzahl von Kontakten, die unser bisheriges Leben mit sich gebracht hat: Schul- und Studienkollegen, Arbeitskollegen, Vereinskameraden, Freunde, Nachbarn und Reisebekanntschaften. Wenn Sie anfangen, dieses Potenzial zu erschließen und beruflich zu nutzen, spenden Sie dadurch einen erheblichen Nutzen, der sich über kurz oder lang auch beruflich für Sie auszahlen wird.

Jeder kennt einen, der einen kennt. – Das ist das Prinzip. Bereits in den sechziger Jahren begründete der amerikanische Sozialpsychologe Stanley Milgram die Theorie, dass jeder Mensch über maximal sechs Stationen jeden Menschen kennt. Welch ein brachliegendes Potenzial, das zum Leben erweckt werden kann.

Der erste Schritt

Der erste Schritt ist bekanntlich der schwerste. Fangen Sie zunächst an, gezielt Kontakte zu suchen und zu pflegen. Lernen Sie, mit Menschen in Kontakt zu kommen, ohne an die berufliche Verwertbarkeit zu denken.

Trainieren Sie bei vermeintlich unwichtigeren Kontakten, damit Sie den Kontakt bei den entscheidenden Gesprächen souverän aufbauen können.

Bauen Sie Schritt für Schritt die Netzwerkkartei auf und bleiben Sie mit den Menschen in lockerer Verbindung. Sie bekommen sehr schnell Routine bei der Kontaktpflege.

Die ersten Karteikarten sind auch eine sehr gute Basis, um das Nutzen der Kontakte zu trainieren. Nutzen Sie die Kontakte innerhalb des Unternehmens, um durch den kleinen Dienstweg abzukürzen. Außerhalb des Unternehmens können Sie sich im Kontakt informieren oder beraten lassen.

Diese Anfangsphase mit vielleicht zehn bis zwanzig Kontakten macht Sie in kurzer Zeit zu einem versierten Netzwerker. Sie werden bereits bei diesem Netzwerkumfang feststellen, dass Sie durch die Vermittlung von Kontakten für die Menschen einen Nutzen stiften, der für Sie selbst kaum Aufwand bedeutet.

4. Karriere braucht Präsentation

Die meisten Menschen verkaufen sich unter Wert. Vielfach ist der Grund dafür, dass es an den rhetorischen Fähigkeiten mangelt. Man besucht zwei oder drei Rhetorikseminare, erlebt einen gewissen Wiederholungseffekt und glaubt, alles zu können. Das ist in den meisten Fällen ein verhängnisvoller Irrtum. Denn wer seine Fakten vor der Gruppe vorträgt und nichts vergisst, ist damit noch nicht automatisch ein guter Präsentant. Das heute gewünschte Infotainment stellt hohe Anforderungen an den souveränen Umgang mit der Situation.

Es lohnt sich, beim eigenen Karriereaufbau die rhetorischen Fähigkeiten zu berücksichtigen, denn Präsentationen bieten die seltene Chance, seine Leistungen optimal in Szene zu setzen und sich exzellent darzustellen. Einer redet und die anderen hören gebannt zu. – Eine geniale Voraussetzung, um mit einprägsamen Worten auf sich aufmerksam zu machen. Sie zeigen einem großen Publikum, dass Sie souverän und kompetent sind. Sie überzeugen mit punktgenau strukturierten Darstellungen, die den Gedankengang der Zuhörer exakt führen. Sie stellen eindrucksvoll unter Beweis, dass Menschen sich Ihnen anvertrauen können und sich Ihnen anschließen. Fundierte Präsentationsfähigkeiten sind eine Eintrittskarte für Stellen, die mit Personalverantwortung verbunden sind. Es gibt keine bessere Plattform, um ein karriereförderliches Image aufzubauen. Nutzen Sie deshalb jede Chance, an Ihren rhetorischen Fähigkeiten zu feilen.

Die zentralen Weichen für eine brillante Präsentation stellen Sie mit dem Eingehen auf die Bedürfnisse Ihrer Zuhörer. Wer seine Zielgruppe durch Aufbau und Inhalt optimal abholt, hat bereits wichtige Weichenstellungen vorgenommen und die Richtung seiner Präsentation bestimmt. Er kann gezielt mit passenden Worten bei seinem Auditorium ins Schwarze treffen.

Überzeugen heißt auch bei der Präsentation, dem anderen das Verstehen zu erleichtern. Wichtige Fragen in der Vorbereitung lauten also:

- ▶ Was wird für das Gegenüber leichter?
- ▶ Was wird einfacher, besser, ändert sich zum Guten?
- ▶ Wodurch wird der Aufwand kleiner oder der Ertrag größer?
- ▶ Wo liegen die Vorteile für mein Gegenüber?

Ihre schlüssigen Antworten auf diese Fragen werden dem Publikum eine gute Grundlage sein, um Entscheidungen zu fällen.

Wenn es Ihnen jetzt noch gelingt, Ihre Worte in eine passende Form zu gießen, werden Sie geschätzte Überzeugungsarbeit leisten. Eine Vorgehensweise, mit der ich in meiner Trainings- und Beratungspraxis sehr gute Erfahrungen gesammelt habe, möchte ich Ihnen nachfolgend kurz vorstellen:

4.1 Aufbau einer Präsentation

Eine Präsentation will überzeugen, das heißt eine Meinung vom Präsentanten auf das Publikum transferieren. Sie führen den Gedankengang der Zuhörerschaft geschickt, ohne den beschrittenen Weg offenzulegen.

Startphase

Dieser einleitende Teil besteht aus der Nennung des Themas, der Begrüßung des Publikums und der eigenen Vorstellung, wenn Sie noch nicht bei allen bekannt sind.

Gehen Sie dabei ungewöhnliche Wege, denn ein unkonventioneller Einstieg erzeugt Aufmerksamkeit. Nennen Sie beispielsweise erst das Thema und begrüßen Sie danach. Starten Sie mit einem Bild oder einer rhetorischen Frage.

Bauen Sie bei der eigenen Vorstellung Autorität auf, indem Sie in wenigen Sätzen Ihre Expertenrolle beschreiben. Besonders wirkungsvoll wird es, wenn diese einleitenden Sätze zu Ihrer Autorität von einer anderen Person gesprochen werden.

Oft wird diese Phase auf die leichte Schulter genommen und unzureichend vorbereitet. Leider misslingt damit oft der erste Eindruck. Beispielsweise habe ich einmal folgende Situation miterlebt, die Ihnen als warnendes Beispiel dienen soll: Eine Stadt im Bergischen Land wollte ihre Stadtwerke an einen größeren Versorger verkaufen. Es gab zwei Kaufinteressenten, ein größerer kommunaler Versorger aus der Nachbarschaft der Stadt und ein bundesweit aufgestellter Konzern. Der Konzernvertreter sagte sinngemäß zur eigenen Vorstellung: „Guten Abend meine Damen und Herren, ich freue mich, hier bei Ihnen am Niederrhein zu sein." Das Problem lag darin, dass das Bergische Land und der Niederrhein nicht einmal gemeinsame Grenzen haben. Die lokalpatriotischen Gefühle der Stadträte waren verletzt. Einleitung verpatzt, Sechs, setzen!

Machen Sie es besser. Finden Sie heraus, was die Menschen bewegt. Beschäftigen Sie sich mit den Menschen und mit deren Situationen. Damit können Sie dem Publikum aus der Seele sprechen: Der kennt uns, das ist einer von uns. Das sind denkbar gute Voraussetzungen für alles was noch folgt.

Zeitlicher Überblick

In diesem Teil beantworten Sie drei Fragen:

▶ Wie wurde das Thema in der Vergangenheit gehandhabt?
▶ Was wird in der Gegenwart getan?
▶ Was wird in Zukunft bezüglich des Themas angestrebt?

Durch diesen zeitlichen Überblick helfen Sie dem Zuhörer, das Thema zeitlich einzuordnen. Zeigen Sie mit deutlichen Worten die Probleme der Vergangenheit und der Gegenwart auf. Beschreiben Sie eine wünschenswerte Zukunft für das Gegenüber.

Wegbeschreibung

Skizzieren Sie die Maßnahmen, die Sie einleiten möchten. Verwenden Sie dazu Gründe, die einen Vorteil für das Gegenüber beinhalten. Nützlich sind ebenfalls Beispiele aus der Erfahrungswelt des anderen. Endlose Argumentationsketten kann sich kaum einer merken und beanspruchen zu viel Zeit. Bringen Sie stattdessen wenige überzeugende Argumente, die in Erinnerung bleiben.

Zusammenfassung

Bevor Sie die Abschlussphase der Präsentation einleiten, fassen Sie die Hauptgedanken der Wegbeschreibung in zwei bis drei Sätzen prägnant zusammen. Dadurch wiederholen Sie die zentralen Aussagen und sorgen dafür, dass sie in Erinnerung bleiben und in die Entscheidung des Publikums einfließen.

Einwandbehandlung

Manchmal gibt es Fakten, die gegen die Intention Ihrer Präsentation sprechen. Es wäre schade, wenn diese in einer anschließenden Diskussion dominierten und den Überzeugungstransfer beeinträchtigten. Deshalb sollten Sie einen gewichtigen Einwand der Gegenseite in Ihrer Präsentation nennen und kurz behandeln. Nehmen Sie folgende Aussage als Beispiel: „Viele werden sagen, das ist in der gegenwärtigen Situation zu viel Geld. – Wer hier jetzt richtig investiert, kann sich Wettbewerbsvorteile sichern und günstige Finanzierungskonditionen ausnutzen."

Schlussfolgerung

Nachdem Sie den Haupteinwand behandelt haben, folgern Sie, dass in Ihrem Sinne gehandelt werden muss. Verwenden Sie dazu die Formulierung: „Daraus folgt ..."

Aktion

Fordern Sie das Publikum auf, aktiv zu werden, indem es eine Entscheidung in Ihrem Sinne fällt.

Sollten Sie die Möglichkeit haben, den folgenden Diskussionsprozess zu begleiten, seien Sie nicht engstirnig und verbissen, sondern diplomatisch und freundlich. Die Gegenseite will auch das Gesicht wahren und das eigene Expertenwissen einbringen. Zeigen Sie sich verhandlungsbereit.

Um mit Präsentationen die gewünschte positive Wirkung zu erzielen, ist es zusätzlich unerlässlich, dass Sie sicher auftreten und kritische Situationen souverän meistern. Dazu gehört auch, mit Lampenfieber umzugehen (siehe Kapitel 4.3) und Blackout-Situationen gekonnt zu bewältigen. Außerdem wirken Sie sehr professionell in Ihrer Rolle als Präsentant, wenn Sie auch bei störendem Verhalten einzelner Personen im Publikum die Zügel fest in der Hand halten und das Veranstaltungsziel verfolgen.

4.2 Sicheres Auftreten vor Publikum

Die Sicherheit des Redners und das Verhalten des Publikums stehen in direkter Beziehung zueinander. Aus dem Einsatz der Wirkungsmittel zieht das Publikum Rückschlüsse auf die Sicherheit und die Emotionen des Redners. Wirkt ein Redner sicher, überträgt sich dessen Souveränität auf das Publikum. Die Zuhörerschaft ist bereit, dem Redner als Vorschuss auch inhaltliche Kompetenz zuzubilligen.

Wollen Sie vor Publikum sicher wirken, haben Sie insgesamt sechs rhetorische Wirkungsmittel zur Verfügung, um bei Ihren Zuhörern einen nachhaltig sicheren Eindruck zu hinterlassen:

• Sprache	• Mimik
• Haltung	• Blickkontakt
• Gestik	• Outfit

Die Sprache

An erster Stelle ist hier die Sprache zu nennen. Der Inhalt und die Wirkung Ihrer Darstellung werden wesentlich durch Ihre Sprechweise geprägt. Was nutzen Wissen und Erfahrung, wenn sie beim Adressaten nicht ankommen? Mit Ihren Worten transportieren Sie, ob Sie auf dem neuen Wissensstand sind und die notwendigen Voraussetzungen mitbringen, um beruflich voranzukommen. Bringen Sie Ihre Kompetenz und Fähigkeiten zur Geltung, denn es sind Ihre Hauptprodukte, die Sie auf dem Arbeitsmarkt anbieten, Ihr Einkommen ist der Preis, den Sie für diese Waren erzielen. Ein breites Fachwissen verbunden mit sprachlicher Kompetenz sichert Ihnen die Möglichkeit, sich zu vielen Themen zu Wort zu melden und Gehör zu finden.

Lautstärke, Klangfarbe und Geschwindigkeit sind dabei die drei Mittel, mit denen Sie die Wirkung Ihrer Worte beeinflussen können.

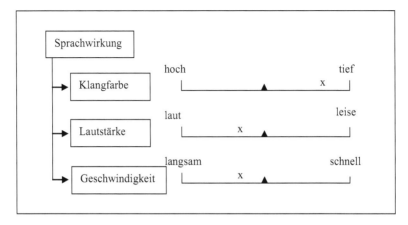

Abbildung 10: *Sicher wirken durch den Einsatz der Sprache*

Wer leise spricht wird oft als klein und unscheinbar wahrgenommen. Die Vermutung liegt nahe, dass sich dieser Mensch nicht traut, wortgewaltiger aufzutreten. Es fehlt ihm anscheinend der Mut zu einer couragierten Darstellung seiner Meinung. Leider büßen diese Menschen schon die ersten Punkte ein, bevor sie überhaupt richtig begonnen haben. Ein sicherer Auftritt sollte deshalb etwas lauter sein als die mittlere Lautstärke des Redners. Gerade am Anfang einer Präsentation sprechen Sie mit durchdringender Stimme, um die Aufmerksamkeit Ihres Publikums zu wecken und die Menschen in Ihren Bann zu ziehen. Liegt die ungeteilte Aufmerksamkeit des Publikums erst einmal bei Ihnen, können Sie auch etwas leiser werden, um die Sprechwerkzeuge zu schonen.

Wer in hoher Tonlage spricht, bringt Hektik zu Gehör, wirkt belastet und überfordert. Dieser Eindruck wird sich beim Publikum noch verfestigen, wenn die schrille Klangfarbe mit schneller Sprechweise kombiniert wird. Das Zuhören ist oft unangenehm, weil sich die Anspannung des Redners über seine Sprache auf das Publikum überträgt. Dagegen wirkt eine tiefe Stimme erfahren, väterlich und kompetent. Sie strahlt Ruhe und Besonnenheit aus. Das Publikum kann sich sicher fühlen und baut Vertrauen auf. Es lernt vom Redner in einer angenehmen Atmosphäre.

Passen Sie die Sprechgeschwindigkeit Ihrem Gegenüber an. Ein großes Publikum erfordert zum Beispiel eine langsamere Sprechgeschwindigkeit als ein kleines. Haben Sie es mit Fachleuten zu tun, können Sie etwas schneller sprechen, denn die Thematik ist ganz oder teilweise bekannt. Hören viele Laien zu, gehen Sie in langsameren Schritten vor. Leider büßen hier viele Experten deutlich Wirkung ein, denn sie setzen ungeprüft ihr eigenes Verständnis bei ihrem Publikum voraus. Ihnen ist der Stoff bekannt, sie haben ihn bereits mehrmals durchdacht und sind vorbereitet. Für das Auditorium ist der Inhalt jedoch neu, es braucht Zeit, um die Thematik zu verstehen. Wie eine Lokomotive unter Volldampf legt der Experte los und hängt einen Waggon nach dem anderen ab, ohne es zu merken. Seine Zuhörer verstehen nur „Bahnhof". Wer so mit seinem Publikum umgeht, wirkt unsensibel, unsympathisch und wird als schlechter Redner gelten.

> Orientieren Sie sich immer am Wissen Ihrer Zuhörer.

Gleichzeitig sollten Sie nicht durch zu langsame Sprechweise unterfordern, weil sonst die Gedanken des Publikums abschweifen. Ihre Präsentation konkurriert mit vielen Ablenkungen in den Köpfen der Zuhörer.

Die Kunst ist deshalb, durch die Variation der Stimme zu wirken. Betonen Sie und testen Sie die Grenzbereiche von „laut-leise", „hoch-tief" und „langsam-schnell". Dadurch bieten Sie Abwechslung für das Publikum, Ihre Präsentation ist kurzweilig und Sie können mit Worten die Bilder malen, die sich das Publikum leicht einprägen kann.

Neben der Sprache lässt die Körpersprache Rückschlüsse auf die Sicherheit eines Präsentanten zu.

Die Haltung

Die Haltung des Redners wird zuerst vom Zuhörer wahrgenommen. Sie wirkt bereits, bevor ein Wort gesprochen worden ist. Damit erzeugen Sie durch dieses Wirkungsmittel maßgeblich den wichtigen ersten Eindruck. Sorgen Sie deshalb für einen sicheren Stand. Der Abstand zwischen den beiden Füßen sollte etwa zehn Zentimeter betragen, maximal sollten die Außenkanten der Füße etwa schulterbreit voneinander entfernt sein. Wer breiter steht als diese Regel empfiehlt, setzt sich leicht der Gefahr aus, aggressiv zu wirken. Stehen Ihre Füße enger zusammen, haben Sie eine zu kleine Standfläche und machen einen instabilen Eindruck. Weiter gilt für eine sichere Haltung im Stehen:

▶ Frei im Raum stehend wirken Sie sicherer als angelehnt oder hinter einem Tisch oder Rednerpult versteckt.
▶ Wer sich aufstützt, wirkt unterstützungsbedürftig.
▶ Stehen Sie gleichmäßig belastet auf beiden Beinen. Vermeiden Sie Gewichtsverlagerungen von einem Bein auf das andere.

Wirken Sie durch Ihre Haltung aufrecht und sicher. Redner, die dagegen gebeugt, gelangweilt oder gar schläfrig daherkommt, wirkt wenig vertrauenswürdig. Durch lebhafte Bewegungen rufen Sie eine frische, dynamische und energiegeladene Wirkung hervor.

Die Sitzhaltung eines Menschen ist wie ein aufgeschlagenes Buch für Menschen, die es verstehen, darin zu lesen. Der körpersprachliche Ausdruck spiegelt oft die emotionale Einstellung zur inhaltlichen Ebene des Gespräches wider. Beispielsweise ist der Umgang mit Distanz und Nähe sehr aufschlussreich. Eine Sitzhaltung, die zum Gesprächspartner hinstrebt, drückt persönliche Zuneigung oder inhaltliche Übereinstimmung aus. Außerdem sollten Sie bei der sicheren Sitzhaltung Folgendes beachten:

▶ Nutzen Sie das Sitzmöbel komplett und machen Sie es sich bequem, dann fühlen Sie sich wohl und strahlen Souveränität aus. Dauernde Veränderungen der Haltung wirken dagegen sprunghaft und nervös.

- ▶ Untermauern Sie Ihre Aussagen durch eine lebhafte Gestik und variieren Sie mit Ihrer Sprache. Dadurch entsteht ein engagierter Eindruck, Sie erregen Aufmerksamkeit und Interesse.
- ▶ Ihr Blickkontakt sucht die Augen des Gegenübers. Ihr Sichtfeld sollte nicht durch Sonneneinstrahlung oder künstliche Lichtquellen eingeschränkt sein. Freundlicher Blickkontakt ist die Voraussetzung für eine sympathische Verhandlungsatmosphäre und eine Vertrauen schaffende Brücke zum Verhandlungspartner.

Zusätzlich sollte beim Sitzen die Beugung von Ober- und Unterschenkel etwa 100 Grad beträgt.

> Machen Sie folgendes zweiteiliges Experiment zur Sitzhaltung:
>
> Setzen Sie sich auf einen Stuhl und berühren Sie mit dem Rücken die Lehne. Nutzen Sie die Armlehnen, wenn Ihnen diese zur Verfügung stehen, andernfalls lassen Sie die Hände auf den Oberschenkeln ruhen. Bringen Sie im ersten Teil des Experimentes die Beine so in Stellung, dass die Beugung von Ober- und Unterschenkel etwa 100 Grad beträgt. Ohne die Position der Beine und Arme zu verändern, stehen Sie jetzt langsam auf! – Sie stellen fest: Das Aufstehen aus dieser Sitzposition ist nicht möglich.
>
> Ziehen Sie im zweiten Teil des Experimentes die Füße unter die Sitzfläche, lassen Sie alles andere unverändert. Versuchen Sie erneut, jetzt aufzustehen! – Jetzt fällt das Aufstehen leicht.

Daraus folgt, dass Sie Ihre Sitzposition nur verlassen können, wenn Sie die Füße unter die Sitzfläche ziehen. Wer unsicher aus einer Situation flüchten möchte, drückt dies körpersprachlich durch zurückgezogene Füße aus. Wer souverän ist, braucht keine Fluchtvorbereitung, verzichtet auf die Möglichkeit aufzustehen und winkelt Ober- und Unterschenkel etwa 100 Grad.

Die Gestik

Die Gestik geht von den Händen und Armen aus. Sie unterstreichen mit der Gestik visuell die Passagen, die Sie stimmlich betonen. Setzen Sie sich beispielsweise für eine Sache ein, die Ihnen sehr am Herzen liegt, engagieren Sie sich und werden mit großen Gesten und deutlicher Stimme Ihr Anliegen aktiv vortragen. Vielleicht werden Sie sogar aggressiv für Ihren Standpunkt streiten. Ist Ihnen die Sache dagegen gleichgültig, werden Sie nur halbherzig Stellung beziehen, passiv bleiben und Ihre Arme und Hände verharren bewegungslos.

Wollen Sie einen engagierten Eindruck hinterlassen und einprägsam präsentieren, ist die dynamische Gestik Ihr unverzichtbares Werkzeug. Unsicher wirkt es, wenn die Hände unter dem Tisch, hinter dem Rednerpult oder in der Hosentasche versteckt werden. Die Hände gehören deshalb ins Blickfeld des Gegenübers, egal ob es sich um eine Vier-Augen-Situation oder um eine Präsentation handelt.

Wirken Sie durch Ihre Gestik dynamisch und engagiert, denn lustlose Zeitgenossen gibt es in vielen Unternehmen bereits genug. Permanente Anstöße von außen sorgen für ein Mindestmaß an Leistung und Qualität. Diese Motivationskiller sind ein Graus für ihr soziales Umfeld im Unternehmen. Die Arbeit mit ihnen gestaltet sich zäh und sie sind zu einem erheblichen Anteil verantwortlich dafür, dass Vieles träge ist und nahezu endlos dauert. Heben Sie sich durch ein erfrischendes und energiegeladenes Auftreten von diesen Zeitgenossen ab. Und außerdem gilt: Lustlose machen keine Karriere.

Von Menschen, die beruflich vorankommen wollen, wird ein hohes Engagement erwartet. Treten Sie engagiert für Ihre Meinungen ein, ohne die notwendige Diplomatie der Unternehmenspolitik außer Acht zu lassen.

Die Mimik

Die Mimik ist das Wirkungsmittel, mit dem Sie Stimmungen auf Ihr Auditorium übertragen. Dabei gilt eines der wichtigsten Gesetze der Kommunikation:

> Menschen schließen sich Menschen an, die positive Stimmungen verbreiten, und Menschen lehnen Menschen ab, die negative Stimmungen verbreiten.

Wenn Sie wollen, dass sich Menschen Ihnen, Ihrer Meinung, Ihrem Unternehmen oder Ihrem Produkt anschließen, kommen Sie an einer positiven Mimik nicht vorbei. Sprechen Sie die Gefühle der Menschen positiv mit einem Lächeln an. Dann gewinnen Sie ihre Herzen und lassen ihre Augen strahlen. Sie zaubern ein Lächeln auf das Gesicht des Zuhörers und bringen Momente des Glücks in sein Leben.

Die Positivkarte

Oft ist es eine große Herausforderung, sich in einer angespannten Situation ein stimmiges Lächeln auf die Lippen zu zaubern. Gerade wenn es eine wichtige berufliche Situation ist oder man Lampenfieber hat, ist ein Lächeln unerlässlich. Doch die Mundwinkel gehorchen dann einfach nicht. Der einzige Weg zu einem stimmigen Lächeln ist: Denken Sie einen positiven Gedanken. Um diesen auch in Stresssituationen verfügbar zu haben, ist die „Positivkarte" ein bewährtes Hilfsmittel der Profis.

Die Positivkarte ist die erste Karte Ihres Präsentationskonzepts. Schreiben Sie die schönste Situation Ihres Lebens in vier bis sechs Sätzen auf diese Karte. Lesen Sie diese Schilderung kurz vor Ihrer Präsentation und tauchen Sie tief in die positiven Gefühle ab. Durch diese Methode werden bei Ihnen Endorphine, Glückshormone, ausgeschüttet, die Sie in der Anfangsphase Ihrer Präsentation entspannen.

Aus Ihrer eigenen Erfahrung wissen Sie vielleicht, wenn die Startphase positiv verläuft, sind die nächsten Schritte oft ein Kinderspiel.

Der Blickkontakt

Der Blickkontakt ist das wichtigste Wirkungsmittel, denn er ist wie eine Brücke zum Auditorium. Verbinden sich Publikum und Redner durch gegenseitigen Blickkontakt, ist die Voraussetzung für eine tragfähige Beziehung geschaffen. Fehlt der Augenkontakt jedoch, fühlt man sich ignoriert und missachtet. Ohne Blickkontakt kommt keine Beziehung zustande, ohne Beziehung keine Aufmerksamkeit, und ohne Aufmerksamkeit ist jede noch so gute Präsentation ein wirkungsloses Hallen im Raum.

Wenn Sie eine Rede oder eine Präsentation halten, lassen Sie den Blick langsam schweifen. Halten Sie Kontakt in Augenhöhe. Handelt es sich um ein kleineres Auditorium, schauen Sie den einzelnen Personen in die Augen. Ist die Anzahl der Zuhörer vergleichsweise groß, bewegen Sie den Kopf ruhig und gleichmäßig innerhalb des gesamten Blickwinkels.

Um die eigene Dynamik zu erhöhen, sollten Sie sich bewegen. Achten Sie darauf, dass Sie auch dann alle Ihre Zuhörer im Blick haben.

In Gesprächen mit nur einem Verhandlungspartner gilt eine Besonderheit. Wenn Sie sprechen, bestimmen Sie inhaltlich den Verlauf des Gespräches. Halten Sie zusätzlich Blickkontakt, führen Sie zusätzlich auf der körpersprachlichen Ebene. Diese inhaltliche und körpersprachliche Steuerung kann dem Gegenüber zu stark sein und es in die Enge drängen. Es kommt sich fixiert und angestarrt vor. Vermeiden Sie diesen Eindruck, indem Sie den Blickkontakt gelegentlich unterbrechen und kurz zur Seite schauen, um dann wieder Blickkontakt aufzunehmen.

Das Outfit

Zum Outfit eines Menschen gehören seine Kleidung, seine Kosmetik, die Accessoires wie zum Beispiel Uhr, Brille und sein Schreibgerät. Außerdem gehören in diesen Bereich sein Schmuck und seine Frisur. Das Outfit nimmt eine Sonderrolle unter den Wirkungsmittel ein, denn es fehlt ihm die spontane Gestaltbarkeit. Die Grundregel lautet: Kleiden Sie sich passend zur Rolle. Haben Sie die Aufgabe, eine Gruppe zu leiten, kleiden Sie sich etwas besser als der erwartete Durchschnitt der Teilnehmerinnen und Teilnehmer. Als Leitung haben Sie eine herausgehobene Rolle, die Sie durch Ihre Kleidung entsprechend unterstreichen können.

Viele Unternehmen haben in diesem Bereich ungeschriebene Gesetze, denen es gerecht zu werden gilt. Erfragen Sie die Gepflogenheiten im Vorfeld und Sie werden einen umfassend vorbereiteten Eindruck machen. Bevor Sie eine Kundenorganisation besuchen, können Sie sich auch im Internetauftritt des Kunden informieren, indem Sie aus den Fotos der Mitarbeiter Rückschlüsse auf die Kleidungskultur ziehen. Kleiden Sie sich im Zweifel etwas besser und der Konvention entsprechend, damit sind Sie immer auf der sicheren Seite.

4.3 Umgang mit Lampenfieber

Redeangst schränkt viele Menschen in der Leistungsfähigkeit vor Reden, Präsentationen, wichtigen Gesprächen und Verhandlungen erheblich ein. Nur ein flüchtiger Gedanke an die belastende Situation, und alle Stresssymptome machen sich bemerkbar. Damit wird schon die Vorbereitungsphase so belastend, dass man dem Ganzen lieber aus dem Wege geht. Leider können auf diese Weise auch keine Erfahrungen mit der Bewältigung dieser Situation gesammelt werden.

Lassen berufliche Anforderungen Ihnen den Schweiß perlen und das Herz rasen, ist das gleichzeitig mit hoher geistiger Beweglichkeit kaum vereinbar. Deshalb habe ich für Sie nützliche und leicht umsetzbare Strategien zusammengetragen, wie Sie Ihr Lampenfieber auf ein Niveau reduzieren können. Damit beherrschen Sie wichtige Tricks und Kniffe, um die belastende Situation mit Bravour zu bewältigen.

Bereiten Sie sich sehr gut vor.

Die erste Quelle für Lampenfieber kann bereits in der Vorbereitung ausgetrocknet werden. Überlassen Sie bei den Vorarbeiten nichts dem Zufall, denn es ist wie früher in der Schule: Über Erfolg und Misserfolg entscheidet bereits die Vorbereitungsphase. Ruhe und Gelassenheit ist weniger eine Frage der Intelligenz als eine Frage von konzentriertem Arbeitseinsatz und Ausdauer im Vorfeld der Präsentation.

Kalkulieren Sie entsprechende Zeitpuffer für die Anreise oder die Parkplatzsuche ein. Wer schon einmal vor einem wichtigen Termin im Stau steckte, weiß, wie wertvoll ein ausreichendes Zeitpolster ist. Sie haben die Wahl: zwischen Schweißperlen und Herzklopfen auf der einen Seite, wenn die wenigen kostbaren Minuten unaufhaltsam verrinnen, und auf der anderen Seite einer CD mit Ihrer Lieblingsmusik, die Sie entspannt anhören können, wenn Sie wissen, dass das Zeitpolster reicht.

Die Plan-B-Strategie

Nichts wird so heiß gegessen, wie es gekocht wird. Viele Menschen empfinden eine hohe Abhängigkeit von einer Situation. Sie denken: „Davon hängt alles ab, ein Fehlschlag wird dramatische Folgen haben und der gute Ruf ist auf immer zerstört." Durch dieses Denken nimmt die Situation einen unangemessen hohen Stellenwert ein.

Relativieren Sie die möglichen Folgen durch eine Plan-B-Strategie. Vergegenwärtigen Sie sich für beide Pläne die positiven und die negativen Konsequenzen. Oft sind beide Wege durchaus attraktiv und halten für Sie interessante Erfahrungen bereit.

Mit ähnlicher Wirkung befreit eine neue berufliche Möglichkeit von der vermeintlichen Abhängigkeit vom Arbeitsplatz. Wer seinen Marktwert kennt und innerhalb der Branche auf ein gepflegtes Netzwerk zurückgreifen kann, fühlt sich einem herrschsüchtigen Chef weniger ausgeliefert. Der Plan B schafft befreiende Wahlmöglichkeiten und wirkt entlastend.

Nutzen Sie Sympathieträger als Quellen der Souveränität

Sympathieträger sind Menschen im Publikum, die Ihnen spontan sympathisch sind und in deren Gegenwart Sie sich ohne umfangreiche Erfahrungen wohlfühlen. Lassen Sie sich von Sympathieträgern positive Rückmeldung geben, um sich selbst aufzubauen. Lächeln Sie und die Sympathieträger werden zurücklächeln und Ihnen aufmunternd zunicken. Dieses Band der Sympathie beruht meist auf Gegenseitigkeit. Menschen, denen wir sympathisch sind, unterstellen uns Kompetenz und sind uns wohlwollend und nachsichtig gesinnt. Sie sind daran interessiert, dass uns das gelingt, was wir vorhaben.

Pflegen Sie die Beziehung zu den Sympathieträgern durch Lächeln und Blickkontakt in der Anfangsphase Ihrer Präsentation. Sollten Sie im Verlauf der Veranstaltung dann einmal in schwieriges Fahrwasser geraten, schauen Sie diese wohlwollenden Menschen an und lassen Sie sich von deren positiver Rückmeldung in ruhige Gewässer tragen.

Es ist eine Frage der intensiven Vorbereitung, Freunde und Bekannte als Feedbackgeber bewusst zu platzieren, damit sie als Sicherheitsquellen im Falle eines Falles genutzt werden können.

Verankern Sie mental die Startphase in sicheren Bahnen

Prägen Sie sich die erste Minute Ihrer Präsentation während der Vorbereitung möglichst plastisch ein: Sie sehen vor Ihrem geistigen Auge, wie Sie sicher nach vorne gehen, einen Augenblick ruhig vor Ihrem Publikum stehen, Blickkontakt aufnehmen, in die Runde lächeln und die ersten Sätze in der beabsichtigten Form sagen.

Durch diese gedankliche Visualisierung prägen Sie ein Engramm (Erinnerungsbild) in Ihrem Gehirn. Sie verbinden Gehirnzellen miteinander, in denen Ihre Vorstellung vom Beginn der Präsentation gespeichert wird. Wichtig ist, dass Sie diese Vorstellung mehrmals durchleben und möglichst alle Sinne daran beteiligen. Was gibt es in den ersten Momenten zu sehen, zu hören und zu riechen? Erleben Sie in Ihrer Vorstellung, wie Sie sicher und souverän vor den Menschen stehen und Ihre Worte zu Gehör bringen. Je häufiger und sinnlicher Sie die Imagination Ihrer Präsentation spüren, desto stresssicherer verankern Sie das Engramm in Ihrem Gehirn.

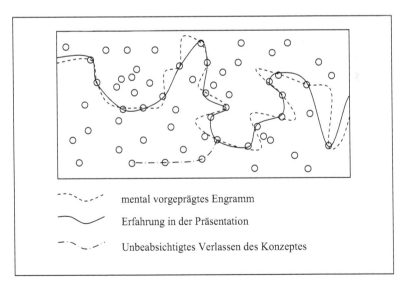

Abbildung 11: *Mentales Training zum Abbau von Lampenfieber*

In der Startphase der Präsentation erleben Sie dann das, was Sie schon kennen: Sie gehen souverän zum Podium und gestalten den Beginn selbstsicher. Die Gefahr, dass Sie die vorgetretenen Pfade verlassen und nach dem vierten Satz einen unbeabsichtigten fünften sagen, ist vergleichsweise gering.

Dieses kleine Mentaltraining ist eine der besten Möglichkeiten, sein Lampenfieber in die Schranken zu weisen. Jedoch: In der praktischen Anwendung ist das Mentaltraining meist absolut wirkungslos. Dies liegt nicht daran, dass der gewünschte Effekt im Anwendungsfall nicht eintritt, sondern daran, dass der Anwendungsfall nicht eintritt. Viele nehmen die mentale Vorbereitung auf die leichte Schulter, verzichten darauf und glauben, dass es auch so schon irgendwie klappen wird. Meist geben sie sich selber recht und hangeln sich einigermaßen durch die berufliche Anforderung. Leider ist mit dieser mäßigen Qualität kaum ein exzellenter Ruf aufzubauen.

Bereiten Sie sich mental auf beruflich wichtige Situationen vor, und Sie werden gerade dort punkten, wo andere schon im Vorfeld frustriert die Flinte ins Korn werfen. Präsentationen haben eine wichtige Multiplikatorfunktion, und können deshalb mental gut vorbereitet echte Sprungbretter für die Karriere sein.

Vergegenwärtigen Sie sich Erfolge und Stärken

Senken Sie Ihr Lampenfieber, indem Sie sich beweisen, dass Sie die Situation leicht bewältigen können. Vielleicht haben Sie in einer ähnlichen Situation bereits einmal Erfolg gehabt. Führen Sie sich die Fähigkeiten vor Augen, die Sie einbringen können. Erweitern Sie Ihre Fähigkeiten durch eine qualifizierte Vorbereitung.

Mit dieser Strategie stärken Sie Ihr Selbstvertrauen. Lassen Sie sich von nahestehenden Menschen im beruflichen oder privaten Umfeld Mut zusprechen. Stärken Sie den Glauben an sich, dann lassen sich Berge versetzen.

Pflegen Sie Ihren Informationsvorsprung

Wer ständig an der Grenze seines Wissens präsentiert, setzt sich der Gefahr aus, dass gezieltes Nachfragen des Publikums über den eigenen Horizont hinausgeht. Dann ist der Referent überfragt und seine fachliche Autorität leidet.

Eignen Sie sich ein umfangreiches Wissenspolster an. Dann reichen auch siebzig Prozent Ihres Wissens aus, um eine kompetente Präsentation zu halten. Sollte es dann erforderlich sein, ins Detail einzusteigen, können Sie leicht zwanzig Prozent nachlegen und haben immer noch Spielraum.

Werden Sie durch Atemtechnik ruhig und souverän

Alle Menschen verfügen über zwei unterschiedliche Atemrhythmen. Im Wachzustand liegt die Betonung beim Einatmen, wenn wir schlafen, atmen wir mit Betonung aus. Das sind wir alle gewöhnt und es ist uns in Fleisch und Blut übergegangen. Die Atmung der Schlafenden wirkt stark beruhigend. Sie kann deshalb auch eingesetzt werden, um Belastungen wie Lampenfieber zu bewältigen. Praktizieren Sie die Atemtechnik in dieser Form, können Sie sich binnen weniger konzentrierter Atemzüge entspannen.

Trainieren Sie Ihre Sprechwerkzeuge im Vorfeld

Sprechen Sie die ersten acht bis zehn Sätze mehrmals unmittelbar vor dem Beginn der Präsentation. Dadurch stellen Sie sich gedanklich auf die Veranstaltung ein und Sie konzentrieren sich auf die kommende Anforderung. Gerade auch bei trockener Luft sollte immer Zeit dafür vorhanden sein, etwas zu trinken. Die besten Erfahrungen habe ich mit stillem Mineralwasser gemacht. Kaffee oder zuckerhaltige Getränke verschleimen die Sprechwerkzeuge und Sie bekommen das Gefühl, sich räuspern zu müssen.

Manche Menschen empfehlen sogar das Singen, um vor einer Präsentation die Sprechwerkzeuge zu trainieren.

Bauen Sie Ihre Stresshormone ab

Ist der Stress erst einmal ausgebrochen, hilft nur noch körperliche Bewegung, um das ausgeschüttete Adrenalin wieder abzubauen. Vor der Veranstaltung können Sie zum Beispiel die Treppen benutzen statt den Aufzug. Im Vorbereitungsraum oder auf der Toilette können Sie fünfzehn Kniebeugen machen, um eine entspannte Anfangsphase zu haben.

Während der Präsentation können Sie herumlaufen und sich so die nötige Bewegung verschaffen. Sollte dies nicht möglich sein, können Sie auch, während Sie sprechen, Ihre Oberschenkelmuskulatur im Wechsel anspannen und entspannen. Das ist eine Form von Bewegung, die vom Publikum unbemerkt bleibt, und doch ganz erheblich zum Abbau von Adrenalin beträgt. Trainieren Sie diese Methode zur Entspannung in Gesprächen und Verhandlungen. Sie werden feststellen, dass es Schritt für Schritt immer leichter fällt, sich zu entspannen.

Es geht beim Umgang mit Lampenfieber nicht darum, die Anspannung komplett zu lösen, denn die auslösende Situation ist wichtig und sollte bewältigt werden. Etwas Lampenfieber macht arbeitsfähig, motiviert zu außergewöhnlichen Leistungen und verlangt den notwendigen Respekt.

4.4 Verhaltensempfehlungen in Blackout-Situationen

Wenn wir die Teilnehmer in unseren Veranstaltungen fragen, was für sie während einer Präsentation die größte Katastrophe wäre, dann kommt in vielen Fällen die Antwort: „Das Schlimmste wäre, dass mir bei einer wichtigen Präsentation vor den Augen meines Chefs oder eines wichtigen Kunden der Faden reißt und ich nicht mehr weiß, was ich sagen soll."

Viele Menschen haben panische Angst vor dem Blackout und der Konfrontation mit der eigenen Unfähigkeit vor Publikum. Das ist nur allzu verständlich, denn Präsentationen werden intensiv vorbereitet, haben eine immense Breitenwirkung, wichtige Personen sind anwesend und Aufträge hängen davon ab. Mit anderen Worten: Präsentationen tragen maßgeblich zum Image des Sprechers bei und sind für seine Karriere entscheidend.

Viele Menschen möchten die Furcht vor dem Blackout verlieren und dadurch sicherer werden. Ich biete Ihnen erprobte Strategien an, die Sie in der Blackout-Situation anwenden können, um die Sprachlosigkeit zu überwinden.

Sprechen Sie den Blackout an.

Wenn Sie fachlich fest im Sattel sitzen und Sie durch die bereits mitgeteilten Fakten hinreichend Autorität aufgebaut haben, können Sie zum Blackout stehen. Sagen Sie zum Beispiel: „Jetzt ist mir der Faden gerissen." oder: „Wo waren wir gerade?" Nehmen Sie sich einen Augenblick Zeit, sich zu sammeln, und schauen Sie in Ihr Manuskript. Dort stehen die Fakten, mit denen Sie weitermachen können. Egal ist dabei, ob Sie Fakten überspringen oder doppelt nennen. Wichtig ist lediglich, dass Sie fortfahren und dabei körpersprachlich souverän bleiben.

Man nimmt Ihnen den Ausrutscher mit dem Blackout nicht übel. Im Gegenteil: Das macht Sie menschlich und sympathisch. Die Erwartung des Auditoriums an Sie ist, dass Sie mit dem Blackout professionell umgehen.

In manchen Situationen jedoch kann oder will man sich den Blackout nicht eingestehen. Dann gilt es, den gerissenen Faden zu überbrücken.

Dazu erhalten Sie in diesem Kapitel unterschiedliche Methoden, die in der Praxis sehr gut funktionieren. Wichtig ist natürlich auch hier, während der Überbrückung sicher und selbstbewusst zu bleiben.

Täuschen Sie eine dramaturgische Pause vor

Niemand im Auditorium weiß, aus welchem Grund Sie eine Pause machen. Ist es, weil Sie nicht weiter wissen oder weil Sie das vorher Gesagte betonen wollen? Wenn Sie während der Pause tief durchatmen, ruhig stehen und Blickkontakt halten, wirken Sie sicher und das Publikum wird auf eine bewusste Pause schließen. Drei bis fünf Sekunden Pause sind immer möglich und vergleichsweise viel Zeit, um mehrere Tausend Dateien im Kopf hin- und herzuschaufeln und sich zu überlegen, wie Sie weitermachen werden.

Viele weniger erfahrene Präsentanten nehmen an, dass die Pause viel zu lang sei und dies beim Publikum schlecht ankommen könnte. Nimmt man diese Menschen mit Videotechnik auf und spielt ihnen die Aufnahme vor, sind sie meist bass erstaunt, dass es sich bei der Pause nur um wenige Sekunden Pause gehandelt hat. Das eigene Zeitgefühl trügt. Nehmen Sie sich deshalb die Zeit, Pausen zu machen. Es ist eine falsche Vorstellung von der Rolle des Redners, dass er permanent sprechen muss.

Wiederholen Sie die letzte Formulierung

Auch wenn der nächste Satz nicht einfällt, ist doch der letzte meist noch in Erinnerung. Um die Verständlichkeit des letzten zentralen Satzes zu erhöhen, betonen Sie ihn in besonderer Weise und sagen Sie ihn ein zweites Mal. Dazu brauchen Sie wenig intellektuelle Energie, denn Sie haben den Satz ja bereits durchdacht.

Damit diese Wiederholung unbemerkt bleibt, wiederholen Sie den Satz mit anderen Worten. Um diese Technik elegant anzuwenden, bringen Sie die letzte Aussage in anderer Form erneut zu Gehör. Um dem Publikum kaum eine Chance zu geben, diese Vorgehensweise zu enttarnen, kleiden Sie Ihre Formulierung in andere Worte.

Alle drei Sätze des vorherigen Absatzes beschreiben nahezu den gleichen Inhalt. Ob Sie die Variante über die geänderte Betonung wählen oder die Aussage mit anderen Wörtern erneut nennen – Sie gewinnen Zeit und können danach mit einer geplanten Information fortfahren.

Verweisen Sie auf begleitende Materialien

Oft wird Begleitmaterial ausgehändigt. Verweisen Sie auf die Unterlagen und regen Sie zum Nachlesen im Anschluss an die Veranstaltung an. Sogar eine kurze Stillarbeit mit dem Material wird akzeptiert und gibt Ihnen zwei bis drei Minuten, um das weitere Vorgehen festzulegen. Wenn Sie nicht mit Handouts arbeiten, nennen Sie weiterführende Literatur oder eine Internetadresse, die als nützliche Informationsquelle zur Verfügung steht.

Formulieren Sie eine rhetorische Frage

Eine Frage, die der Fragesteller selbst beantwortet, wird rhetorische Frage genannt. Sie dient dazu, die Aufmerksamkeit des Publikums zu steigern und es damit auf die Antwort vorzubereiten.

Damit sich die Konzentration des Auditoriums aufbauen kann und die Aufmerksamkeit steigt, sind vonseiten des Präsentanten nach der rhetorischen Frage etwa drei bis vier Sekunden Pause zu machen, denn das Publikum wechselt aus der Rolle des passiven Zuhörers in die des Gefragten, denkt nach und sucht in den eigenen Erfahrungen nach einer möglichen Antwort. Kurz bevor das Publikum eigene Antworten findet, erspart der Redner seinen Zuhörern weitere intellektuelle Mühe und gibt seine eigene Lösung vor.

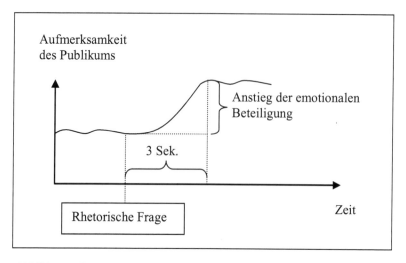

Abbildung 12: *Nutzung rhetorischer Fragen als Blackout-Technik*

Diese erforderliche Pause lässt die rhetorische Frage auch im Falle des Blackouts sehr nützlich sein. Während dieser Pause ist das Publikum mit der Frage beschäftigt und abgelenkt vom Geschehen auf der Bühne. Das gibt Ihnen Zeit, um die nächsten Sätze zu planen.

Wenn Sie etwas länger als drei bis vier Sekunden warten, realisieren einige Zuhörer vielleicht, dass es keine rhetorische Frage war, sondern tatsächlich eine Antwort des Publikums gewünscht ist. Dann meldet sich ein Teilnehmer, gibt eine Antwort und Sie können die Aussage des Zuhörers in Ihre Darstellung einbeziehen und die Präsentation fortsetzen.

Geben Sie eine kurze Zusammenfassung

Ein Blackout lässt sich leicht durch eine Zusammenfassung des bereits Gesagten überbrücken. Leiten Sie mit einer Aussage oder mit einer rhetorischen Frage ein:

- „Fassen wir die wesentlichen Inhalte, die Sie bisher gehört haben, einmal kurz zusammen."

- „Was haben wir bisher besprochen?"
- „Welche Punkte sind für Sie in der Praxis besonders relevant?"

Nun steigen Sie komplett aus der Präsentation aus und orientieren sich an der Gliederung. Nützlich ist, wenn Sie zu diesem Zweck das Inhaltsverzeichnis ausdrucken und griffbereit haben. Nennen Sie einzelne Fakten und arbeiten Sie sich bis an die Stelle vor, in der Sie den roten Faden verloren haben. Präsentieren Sie jetzt sehr dicht am vorbereiteten Stoff, bis Sie die inhaltliche Sicherheit zurückgewonnen haben.

Binden Sie das Publikum mit ein

Lenken Sie die Aufmerksamkeit des Publikums von Ihnen ab. Geben Sie beispielsweise Arbeitsaufträge an die Teilnehmer aus. Lassen Sie sie Fragen zum bisherigen Inhalt sammeln oder fordern Sie dazu auf, mit dem Nachbarn Erfahrungen auszutauschen. Führen Sie in Kleingruppen eine kurze Übung zur Umsetzung der Inhalte in der Praxis durch.

Ich habe einmal an einer Präsentation teilgenommen, auf der der Redner zu einem fünfminütigen Integrationsspaziergang in Zweiergruppen aufgefordert hat. Die Einleitung lautete etwa so: „Sie haben bis jetzt auf hohem Niveau vielfach neue und kompakte Inhalte kennengelernt. Damit sich die Dinge bei Ihnen festigen, ist jetzt ein Integrationsspaziergang geplant. Für diejenigen, die diese Methode noch nicht kennen: Sie gehen zu zweit an die frische Luft und diskutieren über die Inhalte. Wichtig ist, dass Sie sich dabei bewegen. Die Fragen, die sich daraus ergeben, werden wir im Anschluss besprechen. Wir treffen uns in fünf Minuten wieder. Stehen Sie auf, finden Sie einen Partner und verlassen Sie den Saal. Die Zeit läuft ab jetzt." Alle folgten der Aufforderung und der Präsentant hatte einige Minuten Pause, um sich zu regenerieren. Nach der Pause wurde kurz über Fragen und Erfahrungen gesprochen und dann inhaltlich weiter am Thema gearbeitet.

Thematisieren Sie die Vorgehensweise oder die Rahmenbedingungen

Sprechen Sie zu den Rahmenbedingungen oder zur Methode. Auch das ist ein Weg, die Konzentration des Auditoriums vom Inhalt der Präsentation abzulenken: „Es wäre sehr nett, wenn einige von Ihnen die Fenster öffnen würden." Das Öffnen der Fenster wird einige Zeit in Anspruch nehmen. Lassen Sie die Beleuchtung ändern oder lassen Sie sich von den hinteren Plätzen die Güte der Akustik bestätigen. Thematisieren Sie den Ablauf der Veranstaltung oder die Methode: „In etwa zwanzig Minuten werden wir Mittagspause machen. Danach geht es dann verstärkt um die Umsetzung in der Praxis."

Bieten Sie einen kleinen Exkurs zum besseren Verständnis

Niemand im Auditorium weiß, was Ihr nächster Programmpunkt sein wird. Als Redner besitzen Sie deshalb bei der Wahl des nächsten Themas erheblichen Spielraum. Zum besseren Verständnis lässt sich immer ein Exkurs durchführen. Erzählen Sie eine Geschichte, die halbwegs zum Thema passt, und führen Sie diese zum nächsten beabsichtigten Fakt. Als Exkurse bieten sich Erfahrungen aus anderen Unternehmen, Erlebnisse mit Kunden oder in anderen Ländern an. Kaum einer kann den Wahrheitsgehalt überprüfen. Wenn es zum tieferen Verständnis der Teilnehmer dient und den Blackout überbrückt, ist es sicher legitim, die Erlebnisse etwas großzügiger auszuschmücken.

Viele Menschen bekommen einen Blackout, weil Sie Angst davor haben, einen Blackout zu bekommen. Integrieren Sie diese Blackout-Techniken in Ihr rhetorisches Repertoire, und Sie werden sicher mit der Gedankenlücke umgehen. Wenn der Blackout unverhofft und plötzlich kommt, können Sie Ihre Professionalität unter Beweis stellen. Danke, dass es dich Blackout gibt und dass ich durch dich zeigen kann, dass ich ein Profi bin.

4.5 Mit Störungen sicher umgehen

Zunächst möchte ich den Begriff „Störer" definieren:

> Der Störer ist ein Gruppenmitglied, das durch sein Verhalten die Arbeitsfähigkeit oder Zielorientierung der Gruppe oder von Gruppenteilen negativ beeinflusst.

Gerade wenn es um Situationen geht, in denen die beruflichen Weichen gestellt werden, sollte es nicht zu Störungen kommen oder zumindest deren Eskalation vermieden werden. Dennoch wird gerade in Präsentationen, in Bewerbungs- oder Mitarbeitergesprächen Ihr Konfliktverhalten genauer beobachtet. Mitarbeiter, die es in diesen Situationen verstehen, mit den Störversuchen ihrer Umgebung zielorientiert und sicher umzugehen, realisieren Vorteile, denn sie verbessern die Leistungsfähigkeit der betroffenen Gruppe. Wer schwierige Konflikte entschärft, ist gerade in wirtschaftlich harten Zeiten gefragt und empfiehlt sich vielleicht sogar für einen Karrieresprung.

Zwei typische Fehler beim Umgang mit Störern

Beim Umgang mit Störern gibt es in der Praxis zwei Fehlerquellen, die oft dafür verantwortlich sind, dass die Wogen hochschlagen und die Emotionen eskalieren:

1. Die Leitung reagiert zu hart bzw. zu schnell.

Die Gruppe ist arbeitsfähig und fühlt sich durch das Verhalten des Störers noch überhaupt nicht eingeschränkt. Vielleicht erlebt das Team die kritischen Fragen einzelner Mitglieder sogar inhaltlich nützlich. Ruft in dieser Situation die Leitung den Störer durch zu starke Impulse zur Ordnung, erlebt die gesamte Gruppe dies als ungerechtfertigt und maßlos übertrieben. Es besteht die Gefahr, dass sich die Gruppe von der Leitung emotional distanziert. Die Störung wird sich ausbreiten und eskalieren.

2. Die Leitung reagiert zu weich bzw. zu langsam.

Die Leitung reagiert nicht oder nicht angemessen, trotzdem sich viele Gruppenmitglieder durch das Verhalten des Störers nur noch eingeschränkt arbeitsfähig fühlen. Weil die Leitung passiv bleibt und ihre Rolle an der Stelle nicht ausfüllt, besteht die Gefahr, dass starke Gruppenmitglieder das Führungsvakuum ausfüllen und das fehlende Eingreifen der Leitung oder das störende Verhalten einzelner Gruppenmitgliedern thematisieren. Dadurch wird die Arbeitsfähigkeit weiter sinken und die Störung baut sich weiter auf.

Um diese beiden Fehler im Umgang mit Störern zu vermeiden, kommt es für die Leitung darauf an, zum richtigen Zeitpunkt aktiv zu werden. Wenn die Störung eskaliert, sollten Sie Ihr Verhalten als Präsentant entsprechend anpassen. Zu diesem Zweck stelle ich Ihnen nachfolgend acht Stufen vor, mit denen Sie auf die Eskalation einer Störung reagieren können.

Umgang mit Störern in acht Stufen

Für das folgende Konzept bedeutet dies, dass Sie immer dann eine Stufe stärker reagieren, wenn die Arbeitsfähigkeit der Gruppe leidet und die Intensität der Störung zunimmt.

Stufe I: Ignorieren Sie scheinbar die Störung.

Beobachten Sie die Reaktion der Gruppe auf das Verhalten des Störers. Bleibt die Gruppe aufmerksam, zielorientiert und arbeitsfähig, zeigen Sie keine sichtbaren Reaktionen auf die Störung. Reagieren Sie erst für das Auditorium sichtbar, wenn die Arbeitsfähigkeit der Gruppe abnimmt.

Stufe II: Reagieren Sie auf die Störung nonverbal.

Nimmt die Intensität der Störung zu, könnte im Verlauf der Präsentation die Zielorientierung der Gruppe vielleicht Schaden nehmen. Bringen Sie dann zum Beispiel durch mimische Signale zum Ausdruck, dass Sie die Störung bemerken und sich gestört fühlen. Machen Sie eine Sprechpause von etwa drei bis fünf Sekunden und warten Sie solange, bis Ruhe einkehrt, ohne Ihr Verhalten zu thematisieren. Verkleinern Sie die Distanz zwischen dem Störer und Ihnen, um seine Konzentration einzufordern. Verändern Sie Ihre Modulation und sprechen Sie lauter oder leiser.

Stufe III: Sprechen Sie die Störung an.

Wichtig: Sprechen Sie in dieser Stufe nur die Störung der Veranstaltung an. Keinesfalls sollte hier bereits der Störer direkt angesprochen werden, denn noch unterstellen Sie dem Störer Wissbegierde und die Intention, sich aufgabenorientiert verhalten zu wollen. Eine direkte Ansprache des Störers könnte ihn aus der Gruppe herauslösen und damit von der Gruppennorm abweichende Verhaltensweisen hervorrufen. Um zu erreichen, dass sich der Störer wieder zu gruppenkonformem Verhalten zurückfindet, können Sie beispielsweise folgende Aussagen einsetzen:

▶ „Es ist vergleichsweise laut hier." Damit machen Sie die Gruppe auf die störenden Rahmenbedingungen aufmerksam.
▶ „Es werden in der Gruppe bereits Erfahrungen ausgetauscht. Dafür ist gleich nach der Präsentation noch Zeit vorgesehen." Durch diesen Impuls interpretieren Sie die augenblickliche Situation als arbeitsfähig und geben damit allen Beteiligten die Möglichkeit, sich ohne Gesichtsverlust wieder arbeitsorientiert zu verhalten. Außerdem bekommt die Störung von Ihnen ein Forum außerhalb der eigentlichen Veranstaltung zugewiesen.

Ist Ihre Autorität entsprechend hoch und die Gruppe grundsätzlich interessiert, können Sie der Gruppe auch einen Verhaltensbefehl geben, den Sie als Bitte verpacken können und dadurch etwas weicher wirken lassen: „Meine Damen und Herren, [bitte] werden Sie ruhiger."

Stufe IV: Schenken Sie dem Störer Aufmerksamkeit.

Vielleicht fehlt dem Störer Anerkennung. Sprechen Sie den Störer an und unterstellen Sie ihm dabei ein Verhalten, das an der Sache interessiert ist. Oft motiviert fehlende Anerkennung zu störendem Verhalten.

Bleiben Sie solange wie möglich bei den ersten vier Stufen, denn die folgenden Möglichkeiten grenzen den Störer von der Gruppe ab. Dies kann zu Solidarisierungseffekten der Gruppenmitglieder untereinander führen und sich gegen Sie richten.

Stufe V: Sprechen Sie den Störer auf sein Verhalten an.

Sprechen Sie den Störer jetzt direkt auf sein störendes Verhalten an. Halten Sie dabei Blickkontakt und konfrontieren Sie den Störer mit Ihrer Erwartungshaltung an sein Verhalten: „Herr Lauthals, Sie unterhalten sich mit Ihrem Nachbar schon eine ganze Zeit über die Fußballergebnisse vom Wochenende. Ich fühle mich dadurch gestört. Bitte unterlassen Sie die Unterhaltung."

Stufe VI: Setzen Sie den Störer dem Gruppendruck aus.

Stellen Sie das Veranstaltungsziel über das Verhalten des Störers infrage: „Herr Lauthals, wir wollten am Ende der Veranstaltung noch auf die Umsetzung in der Praxis zu sprechen kommen. Wenn Sie so weitermachen, werden wir dazu wahrscheinlich nicht mehr kommen."

Diese Vorgehensweise setzt voraus, dass das Grundinteresse der Gruppe am Thema noch besteht. Der drohende Verlust an wichtigen Informationen sollte den Störer und die Gruppe disziplinieren.

Stufe VII: Lassen Sie den Störer entfernen.

Sollte immer noch keine arbeitsfähige Atmosphäre hergestellt werden können, entfernen Sie den Störer. Sollten Sie aggressives Verhalten vonseiten des Störers vermuten, lassen Sie ihn entfernen. Gibt es niemanden, der diese Aufgabe wahrnehmen kann, machen Sie eine Pause und gehen

Sie in einer kleinen Gruppe auf den Störer zu und klären die Angelegenheit.

Stufe VIII: Verlassen Sie selbst die Veranstaltung.
Sollte nach dem Entfernen des Störers jetzt Ihr methodisches Vorgehen thematisiert werden statt sich Arbeitsfähigkeit einstellen, brechen Sie die Veranstaltung ab. Es macht einen stärkeren Eindruck, eine Veranstaltung vorzeitig abzubrechen, als sie fortzuführen und inhaltlich nichts zu bewegen.

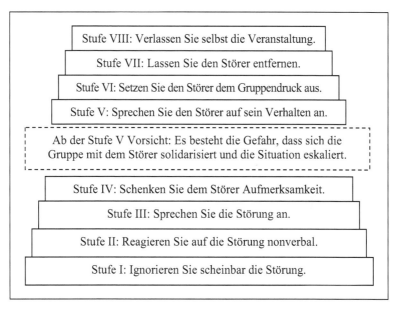

Abbildung 13: Umgang mit Störern in acht Stufen

5. Karriere braucht Schlagfertigkeit

Schlagfertigkeit ist die Fähigkeit, jederzeit die richtige verbale Reaktion zu finden. Die passenden Worte fallen uns leicht, wenn wir uns wohlfühlen, wenn unsere Ziele klar sind, wenn wir unser Gegenüber mögen und wenn wenig vom Ergebnis des Gespräches abhängt. In beruflichen Situationen kommt es jedoch darauf an, nicht nur verbal zu brillieren, wenn die Sonne scheint, sondern jederzeit den richtigen Ton zu treffen. Verbale Geschicklichkeit ist besonders wichtig, wenn wir uns unwohl fühlen, mit dem Chef umgehen, die Ziele noch nicht klar sind, wenn viel auf dem Spiel steht und wenn mit dem Gegenüber nicht gut Kirschen essen ist. Dazu ist es gerade im beruflichen Umfeld erforderlich, den Härtegrad der eigenen Reaktion so zu wählen, dass es den eigenen Zielen dienlich ist und dass die Reaktion auf der Beziehungsebene zum Gegenüber die gewünschte Wirkung hat.

5.1 Schlagfertigkeit bringt Souveränität

Verbales Verhalten, das auf einer Hochzeit belustigt, ist am Grab eine Peinlichkeit, was bei Kollegen durchgeht, ist mit dem Chef vielleicht ein Fauxpas. Sprachliche Fähigkeiten werden dann zu einem tragfähigen Fundament für Ihre Karriere, wenn Sie passend zum Gegenüber und zu der Situation reagieren, in der Sie sich gemeinsam befinden. Außerdem geht es darum, die eigenen Ziele mit der erforderlichen Dynamik durchzusetzen. Dies erfordert manchmal Diplomatie und Nachgiebigkeit und manchmal Härte in der Sache und ein unmissverständliches Wort.

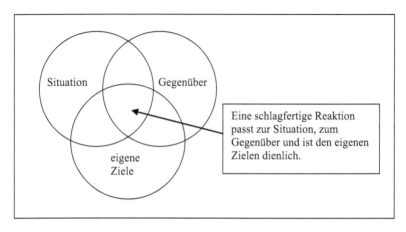

Abbildung 14: *Schlagfertige Reaktionen berücksichtigen die Umwelt und die eigenen Ziele*

Gerade auf der beruflichen Bühne misst sich der Erfolg einer verbalen Reaktion daran, inwieweit die Aussage eine konstruktive Wirkung entfaltet. Hierzu gilt es, auf zwei Bereiche abgestimmt zu reagieren:

1. Ist die Äußerung des Gegenübers sachlich korrekt oder ist sie falsch?
2. Ist das Gegenüber aufgrund seiner Rolle zu der Äußerung berechtigt oder fehlt diese Berechtigung?

Aus dieser Konstellation ergeben sich vier unterschiedliche Reaktionsweisen:

Äußerung	richtig	falsch	richtig	falsch
Gegenüber	berechtigt	berechtigt	unberechtigt	unberechtigt

1. Fall: Äußerung richtig – Gegenüber berechtigt

Beispiel: Sie haben einen Fehler gemacht und Ihre Führungskraft weist Sie zurecht.

Verhalten: In diesem Fall ist die Äußerung des Gegenübers anzuerkennen. Vielleicht lässt sich aus dem Sachverhalt ein Ziel ableiten, das gemeinsam verfolgt werden kann. Sollte Ihr Verhalten Anlass zur Kritik geben, sollten Sie Ihr Verhalten ändern. Wenn es zum Gegenüber und zur Situation passt, sollten Sie sich vielleicht sogar bedanken, denn Ihr Gegenüber hat Sie veranlasst, besser zu werden.

2. Fall: Äußerung falsch – Gegenüber berechtigt

Beispiel: Es ist ein Fehler passiert, für den Sie nicht verantwortlich sind, und Ihre Führungskraft weist Sie zurecht.

Verhalten: Zeigen Sie in einer wertschätzenden Form auf, dass die Äußerung des Gegenübers sachlich falsch ist. Bedienen Sie sich der Argumentation. Bleiben Sie freundlich, obwohl Sie der Angriff oder die Kritik unberechtigt trifft. Tragen Sie zu Aufklärung bei, wenn es mit Ihrer Rolle vereinbar ist.

3. Fall: Äußerung richtig – Gegenüber unberechtigt

Beispiel: Sie haben einen Fehler gemacht und ein nicht betroffener Kollege weist Sie zurecht.

Verhalten: Erkennen Sie die Anmerkungen des Kollegen an. Machen Sie ihn gleichzeitig darauf aufmerksam, dass er zur Kritik nicht befugt ist. Ändern Sie Ihr Verhalten, damit Sie in diesem Punkt keine Angriffsfläche mehr bieten.

4. Fall: Äußerung falsch – Gegenüber unberechtigt

Beispiel: Es ist ein Fehler passiert, für den Sie nicht verantwortlich sind, und ein nicht betroffener Kollege weist Sie zurecht.

Verhalten: Machen Sie den Kollegen darauf aufmerksam, dass die Äußerung sachlich falsch ist. Verleihen Sie Ihrer Verwunderung darüber Ausdruck, dass der Kollege in diesem Bereich aktiv wird, ohne sich zutreffend zu informieren und ohne zuständig zu sein.

Es ist nicht von Vorteil, in der Sache zwar recht zu haben und unter den Kollegen einen Feind. Verzichten Sie deshalb im dritten und vierten Fall auf harte Bloßstellungen, obwohl das Verhalten des Gegenübers nicht tolerierbar ist.

Sprachliche Souveränität ist nicht gegeben, wenn Sie auf jeden Pott einen Deckel haben oder wenn Sie mit verbalen Verletzungen auf der Beziehungsebene ein Blutbad hinterlassen. Gerade im beruflichen Kontext geht es nicht darum, Angriffe von Kollegen mit gleicher Münze zurückzuzahlen. Vielmehr ist ein Verhalten gefragt, das diese kritischen Situationen entschärft und zur Deeskalation beiträgt. Souverän ist, wer seine sprachlichen Fähigkeiten auf sein Gegenüber, die Situation, in der er sich befindet, und seine Ziele ausrichten kann. Im betrieblichen Umfeld wird die Schlagfertigkeit eingesetzt, um Mehrwert zu schaffen für das Unternehmen und für sich.

Der Dreh- und Angelpunkt bei der Schlagfertigkeit ist die Umsetzung in der Praxis. Deshalb erhalten Sie nach den Ausführungen zu den Techniken der Schlagfertigkeit einige Trainingsanregungen, die Ihnen die Umsetzung in Ihrer beruflichen Praxis deutlich erleichtern werden.

5.2 Einige Techniken der Schlagfertigkeit

Das kommunikative Handwerkszeug, um schwierige Situationen zu bewältigen, ist vielschichtig. Einige sehr erfolgreiche Techniken, die sich vor allem im beruflichen Umfeld einsetzen lassen, werde ich Ihnen hier präsentieren. Zum Beispiel bekommen Sie Anregungen und Tipps zum beruflichen Einsatz von Argumentation, Fragetechniken, Definition und Umdefinition.

Argumentation: Die Königin der Meinungsbildung

Vielen Menschen fehlt eine kommunikative Struktur, in die sie ihre Gedanken einfügen können. Menschen erleben sich deshalb in wichtigen beruflichen Situationen oft als sprachlos. Wenn sich zum Beispiel ein wortgewandter Kollege in den Vordergrund spielt, stehen sie sprachlos daneben. Kommt der Chef mit einer nahezu unmöglichen Forderung, haben sie nichts dagegenzusetzen. Die Argumentation bietet Ihnen strukturierte Formulierungshilfen, um die Sprachlosigkeit zu überwinden.

Zusätzlich machen Menschen die Erfahrung, dass ihre Verhandlungs- oder Diskussionsbeiträge nicht überzeugen. Der Grund für die ablehnende Haltung des Gegenübers liegt häufig nicht im Inhalt. Im Gegenteil: Über den Inhalt herrscht sogar oft Konsens. Viele Meinungen erzeugen Kopfschütteln, weil Sie unstrukturiert vorgehen und deshalb nicht verstanden werden. Durch die argumentative Struktur haben Sie den Vorteil, dass Sie Ihnen als vorgefertigtes Gerüst dient, um spontan und schlagfertig zu überzeugen.

Die Argumentationsstruktur verleiht Ihrer Meinung einen logischen Aufbau und führt den Gedankengang Ihres Gegenübers in einer für Sie günstigen Art und Weise.

Lassen Sie uns im Folgenden die fünf Elemente der Argumentation näher beleuchten.

1. Element: Der Standpunkt

> Standpunkt: Ich bin der Meinung ...
>
> Es ist eine Tatsache ...
>
> Wir sollten ...
>
> Man könnte mal versuchen ...

Die Einleitung „Ich bin der Meinung ..." ist sehr gut geeignet, wenn Sie eine vom Gegenüber akzeptierte Autorität sind. Wenn der Zahnarzt Ihres Vertrauens zu Ihnen sagt: „Ich bin der Meinung, der Zahn sollte einer Wurzelbehandlung unterzogen werden", folgen Sie der Meinung, denn Sie vertrauen der fachlichen Autorität des Mediziners. Diese Einleitung ist auch zu empfehlen, wenn Sie die Autorität durch Ihre Rolle besitzen. Wer als Chef sagt: „Ich bin der Meinung ..." wird dazu beitragen, dass sich viele Zuhörer damit identifizieren.

Mit der Formulierung „Es ist eine Tatsache ..." stellen Sie den Inhalt der Aussage in den Vordergrund Ihrer Argumentation. Die Tatsache wirkt als unumstößlicher Fakt, der keinen Spielraum für Verhandlungen zulässt. Sie treten stark auf und engen gleichzeitig den Korridor für mögliche Kompromisse ein.

Verwenden Sie Wir-Formulierungen ziehen Sie damit den Partner mit ins Boot. Sie sprechen von sich und Ihrem Gegenüber als einer Gemeinschaft, die zusammen einer Anforderung ausgesetzt ist und sie durchstehen wird. Das „Wir" schweißt zusammen und erzeugt das Wir-Gefühl einer Mannschaft.

Man-Formulierungen wirken distanziert oder unverbindlich und werden deshalb auch in der Fachliteratur oft verteufelt. Richtig ist der zurückhaltende Charakter dieser Formulierung, falsch ist die damit verbundene Verteufelung. Es kommt auf das Einsatzfeld und die gewünschte Wirkung an. Nehmen wir beispielsweise an, dass ein neuer Projektleiter zu seinem Team in der ersten Projektsitzung zum Einstieg sagt: „Ich bin der Meinung und ich werfe mein Amt dafür in die Waagschale, dass wir uns an jedem ersten Montag des Monats in der Mittagspause treffen." Er kennt sein Team wenig und kann dessen Gewohnheiten in der Pause kaum einschätzen. Trotzdem hat er einen sehr starken Standpunkt vertreten. Wenn der Projektleiter seine Terminierung durchsetzen kann, hat er Glück gehabt. Kann er die Gruppe jedoch nicht von seiner Meinung überzeugen, hat er ein Führungsproblem, denn er hat sich durch die Formulierung sehr weit aus dem Fenster gelehnt. Eine bewusst gewählte distanzierte Äußerung wäre mit viel weniger Risiko behaftet gewesen: „Man könnte ja auch mal überlegen, ob eine kurze Projektsitzung an jedem ersten Montag des Monats in die Mittagspause gelegt werden kann." Sollte die Führungskraft auf Widerstand stoßen, kann sie sich gefahrlos distanzieren. Wird der Vorschlag hingegen positiv aufgenommen, können Sie eine stärkere Formulierung nachschieben. Daraus folgt, dass eine Man-Formulierung empfehlenswert ist, um die Meinung oder Reaktion einer unbekannten Gruppe oder Person zu testen.

2. Element: Der Grund

> Grund: Der Grund liegt darin, dass ...
>
>   ..., weil ...

Viele Menschen glauben, dass das, was für sie überzeugend ist, auch andere überzeugt. Dieser Glaube verkennt die Bedürfnisstruktur des Gegenübers. Wählen Sie stattdessen den Grund Ihres Argumentes derart, dass die Bedürfnisse des Gegenübers befriedigt werden. Ihr Gesprächspartner wird tun, was Sie wollen, wenn er dadurch bekommt, was er will. Verschaffen Sie ihm einen Nutzen, dem er nicht widerstehen kann. Streben Sie beispielsweise eine Gehaltserhöhung an und begründen Sie diese bei Ihrem Chef mit den folgenden Worten: „Der Grund hierfür liegt darin, dass ich gebaut habe und dringend das Geld brauche." Dann mag dieser Grund vielleicht stimmen und ehrlich sein, jedoch ist er für Ihren Chef wenig überzeugend. Wenn Sie dagegen begründen mit: „..., weil ich trotz der schwierigen Marktlage in den letzten zwei Wochen vier lukrative Kunden gewonnen habe", sprechen Sie den Nutzen des Gegenübers an.

> Sprechen Sie durch den Grund Ihres Argumentes einen bedeutenden Vorteil des Gegenübers plausibel an, werden Sie überzeugen.

3. Element: Das Beispiel

> Beispiel: Zum Beispiel ...
>
> Beispielsweise ...

Mit dem Beispiel haben Sie einen zweiten wichtigen Hebel zur Verfügung, um Ihr Argument überzeugend zu formulieren. Nennen Sie ein Beispiel, das die Erfahrung Ihres Verhandlungspartners positiv anspricht. Das Gegenüber soll dem Beispiel zustimmen können und Ihnen in diesem Punkt recht geben müssen. Dadurch schafft das Beispiel eine gute Basis für das nächste Element der Argumentation.

4. Element: Die Schlussfolgerung

> Schlussfolgerung: Daraus ergibt sich ...
>
> Hieraus folgt ...

In der Schlussfolgerung wird der Standpunkt mit anderen Worten wiederholt. Der vorteilhafte Grund und das bejahte Beispiel bilden die Basis, um in der Schlussfolgerung eine überzeugende Behauptung aufzustellen. Der gesamte vorherige argumentative Aufbau verfolgt einzig das Ziel, für die Schlussfolgerung einen fruchtbaren Boden vorzubereiten.

In vielen Verhandlungen können Sie mit der Schlussfolgerung Ihr Argument beenden. Nehmen Sie Blickkontakt mit dem Gegenüber auf und schweigen Sie. In den meisten Fällen wird Ihr Verhandlungspartner zu Ihrem Argument Stellung nehmen. Das ist von Ihnen aus auch gewünscht, denn dadurch erfahren Sie, wie Ihr kommunikatives Vorgehen auf den Partner gewirkt hat und wie Sie gegebenenfalls weiter inhaltlich vorgehen.

Sollte der Ausnahmefall eintreten, dass sich Ihr Gegenüber in Schweigen hüllt und nichts zu Ihrem Argument sagt, erfahren Sie natürlich auch nichts über die Wirkung Ihrer Argumente. In diesem Fall ist es empfehlenswert, noch ein fünftes Element an das Argument anzufügen.

5. Element: Die offene Frage

> Offene Frage: Was sagen Sie dazu?
>
> Wie schätzen Sie das ein?

Durch die Frage üben Sie leichten Druck auf das Gegenüber aus, sich über das gehörte Argument mitzuteilen. Sie bekommen eine Reaktion und können sich darauf argumentativ einstellen.

Sie haben zwei grundsätzliche Möglichkeiten, die Frage zu formulieren: Als offene Frage beginnen Sie mit dem Fragepronomen, zum Beispiel: „Was denken Sie zu diesem Punkt?" oder: „Wann können wir frühestens beginnen?" Durch diesen Fragetyp bekommen Sie viele Informationen und lernen dadurch Ihr Gegenüber in seinen Bedürfnissen noch besser kennen.

Möchten Sie dagegen eine Entscheidung vom Gesprächspartner erhalten, fragen Sie in geschlossener Form. Die geschlossene Frage konstruieren Sie, indem Sie die Frage mit dem Verb einleiten: „Haben Sie sich dazu eine Meinung gebildet?" oder: „Können wir noch in diesem Monat beginnen?" Auf diese Frage hin bekommen Sie ein „Ja" oder ein „Nein" als Antwort und der Sachverhalt ist damit entschieden.

Mit diesem Argumentationsmodell reagieren Sie strukturiert und sachlich. Es findet überall dort Verwendung, wo Menschen überzeugen wollen: in der Politik, im Unternehmen, vor Gericht, in Verein und Familie, verbal oder in Schriftform. Dieses Argumentationsmodell ist über zweitausendfünfhundert Jahre alt und wurde schon von den alten Griechen eingesetzt, um Menschen zu überzeugen. Dieses kommunikative Vorgehen wurde von Generation zu Generation weitergegeben, weil es so einfach und überzeugend ist.

▶ Vorteile der Argumentation:

- Sie sprechen strukturiert, wenn Sie die Einleitungsformulierungen verwenden.
- Sie wirken selbstbewusst und sicher, wenn Sie flüssig formulieren und dabei Blickkontakt halten.
- Ihre Darstellung wirkt durchdacht, weil die einzelnen Elemente der Argumentation einen inhaltlichen Bezug zueinander haben.
- Sie sprechen verständlich, weil Sie sich am Wissen und den Erfahrungen Ihres Gegenübers orientieren können.
- Sie erklären einen Sachverhalt, statt sich zu rechtfertigen, weil Sie mit deutlicher Sprache sprechen und sich nicht unter Druck setzen lassen.

▶ Nachteile der Argumentation:

- Schlechte Beispiele, die den Erfahrungen des Verhandlungspartners widersprechen, sind häufig leicht zu entkräften.
- Ihr Beitrag kann als zu lang empfunden werden. Dies gilt besonders am Telefon oder wenn Ihr Gegenüber dazu neigt, Sie zu unterbrechen.
- Sie legen sich mit Ihrem Standpunkt fest und haben manchmal Schwierigkeiten, sich davon zu distanzieren.

Empfehlungen zur Argumentation

Die Argumentation ist dasjenige Modell, das in der beruflichen Praxis am häufigsten eingesetzt wird. Deshalb möchte ich Ihnen noch einige Empfehlungen zur Umsetzung geben.

Die Argumentation sollte zu Ihrer Rolle passen

Manche Führungskräfte können mit überzeugenden Mitarbeitern sehr gut umgehen und freuen sich über deren Impulse. Manche Führungskräfte tun sich jedoch schwer im Umgang mit wortgewandten Untergebenen.

Wer seinen Chef argumentativ übertrumpft, bringt zwar Vorteilhaftes zu Gehör, wird jedoch nicht überzeugen, denn der Vorgesetzte bekommt das Gefühl, unterlegen zu sein. Oft werden in solchen Situationen selbst unmittelbar einleuchtende Argumente von der Führungskraft ignoriert. Manchmal kommt es sogar zu Trotzverhalten der Führungskraft. Im Umgang mit solchen Führungskräften sollten Sie besser um Beratung bitten oder Fragen stellen, die die Führungskraft dazu bringen, eigene Antworten zu finden, die in Ihrem Sinne sind. In der Sache lässt sich mit dieser Strategie viel erreichen, auch wenn Sie nie als Urheber der Problemlösung in die Geschichte Ihres Unternehmens eingehen werden. Die Lorbeeren heimst in diesem Fall die Führungskraft ein.

Angemessene Sprechgeschwindigkeit und nicht zu viel Wissen voraussetzen

Einige Argumente werden abgelehnt, weil sie nicht verstanden werden. Wählen Sie deshalb das Sprechtempo angemessen zum Partner und zur Situation. Gerade fachlich versierte Mitarbeiter neigen dazu, Argumente sehr schnell vorzubringen. Leider bleibt dabei oft unberücksichtigt, dass der Sender das Argument im Vorfeld schon durchdacht hat und kennt, während es für den Zuhörer eine neue Information ist. Zusätzlich spricht manchmal ein Experte zum Laien. Orientieren Sie deshalb Ihre Sprechgeschwindigkeit am Verständnisvermögen des Gegenübers. Machen Sie zusätzlich eine kurze Pause nach jedem Element der Argumentation. Dadurch erleichtern Sie dem Gegenüber das Verstehen zusätzlich.

Stehen Sie für Ihre Argumente selbst ein

Versteckt sich eine Person hinter einer anderen, steht sie oft im Schatten und bleibt unerkannt. Ein Argument wird beispielsweise eingeleitet mit: „Die Geschäftsführung wünscht, dass Sie bis zum nächsten Dienstag XY tun." Wer so vorgeht, reicht nur die Meinung eines anderen weiter, ohne selbst Einfluss zu nehmen. Grund für die persönliche Distanzierung kann auch sein, dass der Sender die eigene Beziehung zum Empfänger nicht belasten will. Der Preis dafür ist eine schwammige und wenig selbstbewusste Wirkung. Der Empfänger denkt verwirrt: „Wenn mein Gegenüber nicht selbst davon überzeugt ist, warum sagt er der Geschäftsführung das nicht?" Vielleicht tippt er auch auf fehlendes Rückgrat als Grund. Treten Sie besser als Person für die Meinungen ein, die Sie vertreten, zeigen Sie Charakter und Profil. Auch wenn Sie nicht immer mit der Meinung der Geschäftsführung konform gehen, erfordert Ihre Rolle oft Identifikation. Treten Sie aus dem Schatten anderer Personen heraus und sagen Sie: „Ich möchte, dass Sie bis zum nächsten Dienstag XY tun."

Eigene Überzeugungskraft durch Grund und Beispiel steigern

Wollen Sie Ihren Verhandlungspartner überzeugen, besitzen Sie dazu zwei Hebel: den Grund und das Beispiel. Finden Sie einen Grund, der den Nutzen des Gesprächspartners anspricht. Verschaffen Sie ihm einen Vorteil dadurch, dass er tut, was Sie möchten. Nur, wenn auch er seine Position verbessern kann, wird er sich Ihrer Meinung anschließen. Untermauern Sie diesen Grund mit einem Beispiel aus dem Lebensumfeld Ihres Partners. Das Beispiel soll den Grund belegen und sich mit den Erfahrungen des Gegenübers decken. Er soll denken: „Ja, habe ich auch schon so erlebt. Da hat mein Gegenüber recht. Dem stimme ich zu." Durch diese Vorgehensweise bereiten Sie die Schlussfolgerung optimal vor.

Argumente sind einfach und kurz

Wer sich kompliziert ausdrückt, wird sein Gegenüber überfordern. Bilden Sie deshalb einfache Argumente mit Hauptsätzen. Verschachtelte Winkelzüge verwirren das Gegenüber und geben ihm das Gefühl, dumm zu sein. Daraus folgt auch, dass Ihre Argumente so kurz wie möglich sein sollten und nur so lang wie nötig. Viele Menschen neigen dazu, ihr komplettes Wissen in ein Argument hineinzupacken, Fakten zu bündeln und gleich mehrere Gründe und Beispiele in einem Argument zu nennen. Das Resultat ist sehr lang und verwässert den Argumentationsstrang. Weniger ist auch in diesem Falle mehr. Sparen Sie den unbenötigten Teil des Stoffes auf, und formulieren Sie ein zweites Argument, nachdem Ihr Gegenüber geantwortet hat.

Volle Aufmerksamkeit beim Verhandlungspartner

Sehr häufig beschäftigen wir uns mit der eigenen argumentativen Reaktion, während der Verhandlungspartner seine Meinung sagt. Die Folge ist, dass wir den Argumentationsstrang des Gegenübers nicht aufmerksam verfolgen und uns deshalb nicht daran erinnern können. Dadurch entgeht uns die Chance, das Gesagte punktgenau zu widerlegen. Menschen argumentieren dann aneinander vorbei, haben das Gefühl nicht verstanden zu werden und die Beziehung leidet.

Ihre volle Aufmerksamkeit sollte beim Gegenüber liegen, solange es sein Argument formuliert. Nehmen Sie das Argument des Gegenübers auf und prüfen Sie es anhand Ihrer Erfahrungen und Ihrem Wissen. Nach seiner Argumentation macht der andere immer eine Pause, um zu erfahren, wie seinen Ausführungen auf Sie wirken. Diese Pause bietet reichlich Zeit, um die eigene argumentative Stellungnahme gedanklich zu formulieren.

Vorsicht: Komplettes Vorformulieren dauert zu lange

In vielen beruflichen Auseinandersetzungen geht es Schlag auf Schlag. Trotzdem versuchen Menschen, ihre Argumente komplett vorzuformulieren, bevor sie den Standpunkt vorbringen. Dies braucht meist mehr Zeit, als der Verhandlungspartner gewährt. Er fängt zu sprechen an, bevor Sie ihren Standpunkt zu Gehör gebracht haben und werden immer weiter aus der Verhandlung herausgedrängt. Deshalb ist diese Strategie ungeeignet, um aus dem Stegreif reagieren zu können. In solchen Situationen sagen Sie Ihren Standpunkt, bevor Sie die weitere Struktur inhaltlich überblicken. Formulieren Sie prägnant, und halten Sie sich an die Einleitungsformulierung: „Meine Meinung ist ..." Nutzen Sie die Formulierungshilfen, um Ihre Gedanken in ein Gerüst einzuklinken. Das geht viel schneller als eine komplette eigenständige Formulierung. Zwischen den einzelnen Elementen soll eine kurze Pause gemacht werden, die Sie nutzen können, um sich das nächste Element Ihrer Argumentation zu überlegen.

Einleitungsformulierungen verwenden

Ängstliche Zeitgenossen vermuten, dass die Gleichförmigkeit der Struktur erkannt werden könnte und es dann zu einer negativen Wirkung komme. Ein Außenstehender konzentriert sich auf den Inhalt der Argumentation und ist dadurch von der Methode abgelenkt. Er weiß ja nicht, dass hinter dem Argument eine antrainierte Struktur liegt. Außerdem können Sie ja unterschiedliche Einleitungsformulierungen verwenden:

- „Ich bin der Ansicht ..."
- „Es ist eine unumstrittene Meinung unter den Experten ..."
- „Ich tendiere zu der Meinung ..."
- „Meiner Erfahrung entspricht ..."
- „Wir alle wissen ..."

Wichtig ist, dass die Schlussfolgerung den Standpunkt mit anderen Worten wiederholt. Wer in der Schlussfolgerung inhaltlich vom Standpunkt abweicht, verlässt seinen Argumentationsstrang, büßt an Überzeugungskraft ein und löst Irritation beim Gegenüber aus.

Setzen Sie Ihre Körpersprache bewusst ein

Halten Sie Blickkontakt, während Sie sprechen. Dadurch wirken Sie sicher und Sie erhalten wertvolle Informationen über die Wirkung Ihrer Worte. Lesen Sie in der Körpersprache Ihres Gegenübers und Sie verfügen über einen sehr ehrlichen und unverstellten Zugang zur emotionalen Befindlichkeit des Partners.

Stellen Sie eine günstige Frage am Ende des Argumentes

Mit der Frage am Ende des Argumentes steuern Sie die Gedanken des Gegenübers. Wählen Sie deshalb die Frage am Ende des Argumentes vorteilhaft und lenken Sie den Verhandlungspartner in eine gewollte Richtung. Möchten Sie zum Beispiel eine Gehaltserhöhung durchsetzen, und Sie schließen Ihr Argument ab mit: „Was spricht gegen meinen Wunsch?", lenken Sie den Gedankengang des Gegenübers in eine für Sie ungünstige Richtung. Beenden Sie dagegen mit: „Wann ist eine Gehaltserhöhung möglich?", steuern Sie die Gedanken des anderen weg von der Frage, ob es überhaupt eine Gehaltserhöhung geben wird, hin auf den Zeitpunkt der Erhöhung.

Ein Haupteinwand gegen die Argumentation mit ihren fünf Elementen ist, dass sie zu lang sei. Gerade, wenn man es mit Partnern zu tun hat, die aufgebracht sind, wird ins Wort gefallen und die Struktur verliert einen erheblichen Teil ihrer Wirkung. Für Gegenüber, die ins Wort fallen, und am Telefon hat sich deshalb eine argumentative Kurzform etabliert. Sie besteht aus den beiden ersten Elementen der Argumentation.

Achten Sie auf eine Besonderheit: Eine Erfahrung in der Argumentation ist, dass der Grund vom Gegenüber nicht aufgenommen wird, wenn der Standpunkt für den Partner negativ ist. Zum Beispiel führt die Formulierung: „Es ist eine Tatsache, dass ich die Aufgabe nicht zusätzlich übernehmen kann, weil ich heute bereits zwei wichtige Verkaufsgespräche terminiert habe", dazu, dass der Grund nicht verstanden wird, da das Gegenüber nach dem negativen Standpunkt bereits abschaltet. Deshalb ist es empfehlenswert, die Reihenfolge umzudrehen: „Weil ..., bin ich der Meinung, dass ...". Jetzt kann das Gegenüber zwar immer noch nach dem Standpunkt abschalten, jedoch musste es die vorgelagerte Begründung auf sich wirken lassen.

Die Rolle der Beziehungsqualität in der Argumentation

Zum Abschluss der Ausführungen zur Argumentation möchte ich Sie noch auf einen anderen wichtigen Zusammenhang aufmerksam machen, der nicht selten genauso entscheidend für Ihre Karriere ist wie die Fähigkeit, gute Argumente zu bilden.

Es gibt häufig Situationen, in denen gute Argumente den Verhandlungspartner nicht überzeugen. Sein Vorteil liegt offensichtlich auf der Hand, doch er schließt sich den Argumenten nicht an. Es muss also noch weitere Faktoren geben, die die Überzeugungsfähigkeit eines Menschen beeinflussen. Vielleicht haben Sie es schon einmal erlebt, dass Sie sich mit einem Argument bei Ihrem Chef nicht durchsetzen konnten. Wenige Tage später bringt ein Kollege Ähnliches vor und findet Gehör.

Ein zusätzlicher wichtiger Faktor für die Überzeugungsfähigkeit eines Menschen ist die Beziehungsqualität, die er im Vorfeld der Argumentation zu seinem Gegenüber aufgebaut hat. Haben Sie eine gute Beziehung zu Ihrem Chef aufgebaut, wird es Ihnen leichterfallen, dass überzeugende Argumente bei ihm auf fruchtbaren Boden fallen. Hier zahlt es sich aus, wenn Sie sich Menschen verpflichtet haben, wenn Ihnen Menschen dankbar sind, wenn Sie in kleinen Dingen großzügig waren und damit die Voraussetzung geschaffen haben, sich karriereentscheidend durchzusetzen.

> Beziehungspflege ist unerlässlich, um auf das Gegenüber Einfluss nehmen zu können.

Fragetechniken: Wichtige Informationen bekommen

Eine Flut von Informationen wird uns heute beruflich unaufgefordert zugestellt. E-mails und Rundschreiben schaufeln Berge von Daten in unseren Verantwortungsbereich. Relevant ist davon nur ein winziger Bruchteil, Fachleute schätzen circa ein bis zwei Prozent. Die wirklich wichtigen Informationen muss man sich jedoch in den meisten Fällen selbst besorgen.

Im Berufsleben ist es oft wie an der Börse: Wer die Information als Erster hat, macht den Gewinn. Die Qualität unserer Entscheidungen wird erheblich beeinflusst von der Güte der Informationen, über die wir verfügen. Nützlich werden Fakten auch durch den Zeitpunkt, zu dem sie in unseren Verfügungsbereich gelangen. Wer frühzeitig informiert ist, kann sein Verhalten auf dieser Grundlage früher ausrichten als andere. Oft ergeben sich hieraus entscheidende berufliche Vorteile.

Sie brauchen den vertrauensvollen Kontakt zu den wichtigsten Informationsträgern, um die wertvollen Fakten zu erfahren. Zu dem Themenfeld, wie Sie Kontakte aufbauen und pflegen, haben Sie bereits viele Tipps und Anregungen in Kapitel 3 „Karriere braucht Kontakte" bekommen. Zusätzlich sollten Sie die geeigneten Fragetechniken beherrschen, um die punktgenauen Informationen vom Gesprächspartner zu bekommen, die Sie brauchen, um überdurchschnittliche Leistungen erbringen zu können.

Fragetyp: Offene Fragen

Dieser Fragetyp wird durch ein Fragepronomen eingeleitet, zum Beispiel „was", „wer", „warum", „wieso" und „wann". Weil diese einleitenden Fragewörter alle mit dem Buchstaben „w" beginnen, wird dieser Fragetyp auch als W-Wort-Frage bezeichnet.

Der Vorteil dieses Fragetyps ist, dass Sie Ihrem Gegenüber dadurch einen großen Spielraum geben, um zu antworten. Sie bekommen umfangreiche Information. Der andere braucht einige Zeit für seine Antwort. Diese können Sie geschickt nutzen, um das weitere Vorgehen festzulegen. Ihr Gegenüber fühlt sich wenig gesteuert, weil er vergleichsweise frei antworten kann.

Dieser Fragetyp lässt sich zusätzlich sehr gut nutzen, um dem Partner subtil etwas zu unterstellen. Zum Beispiel setzt die Frage „Wann werden Sie die zusätzliche Aufgabe bewältigen?" voraus, dass die zusätzliche Aufgabe bewältigt wird.

Der Nachteil ist, dass die Fülle an Informationen jedoch nicht immer relevant ist und Sie daher viel Zeit brauchen, um das Wesentliche vom Nutzlosen zu scheiden.

Fragetyp: Geschlossene Frage

Eine geschlossene Frage beginnt mit einem Verb und sie ist kurz und bündig mit „ja" oder „nein" zu beantworten. Dieser Fragetyp fordert vom Antwortenden eine Entscheidung:

„Willst Du heute eine Überstunde machen?"

„Möchten Sie unser Tochterunternehmen in Rom leiten?"

Positiv an dieser Fragetechnik ist, dass Sie sehr schnell auf den Punkt kommen können und die gewünschte Information erhalten. Negativ wirkt, dass schnell ein Verhörcharakter entstehen kann, durch den sich das Gegenüber auf die Anklagebank gesetzt fühlt. Verzichten Sie deshalb auf viele geschlossene Fragen in schneller Abfolge.

Fragetyp: Suggestivfrage

Bei dieser Frageform lässt der Fragesteller erkennen, welche Antwort er erwartet. Beispiele für diese Frageform sind:

„Teilen Sie als Mitarbeiter, der in meinem Unternehmen weiterkommen will, meine Meinung?"

„Sind Sie auch der Meinung, dass wir jetzt investieren sollten?"

Eine Suggestivfrage steuert die Antwort sehr stark, wirkt manchmal sogar bevormundend. Im betrieblichen Umfeld stößt diese Frageform oft auf Ablehnung, man nimmt sie dem Fragesteller übel. Gerade auch dann, wenn sie vom Chef zum Mitarbeiter eingesetzt wird, um die Hierarchie zu unterstützen.

Sollten Sie auf eine Suggestivfrage antworten müssen, können Sie kontern, indem Sie den suggestiven Charakter der Frage offenlegen: „Sie sind scheinbar der Meinung, dass wir investieren sollten." Dadurch entlarven Sie die Strategie des Gegenübers, ohne selbst eine inhaltlich passende Antwort zu geben.

Fragetyp: Alternativfrage

Dieser Fragetyp lässt dem Antwortenden zwei Möglichkeiten, auf die Frage zu antworten. Der Trick liegt darin, dass beide Alternativen für den Fragesteller wünschenswert sind.

„Möchten Sie Kaffee oder Tee?"

„Wollen Sie über 30.000 Euro oder über 50.000 Euro abschließen?"

Durch die scheinbar freie Wahl wird der Antwortende abgelenkt von der Unterlassungsalternative. Die Option, Milch zu trinken oder keinen Abschluss zu tätigen, rückt in den Hintergrund.

Es hat sich in der Verhandlungspraxis gezeigt, dass die zuletzt genannte Alternative vom Kunden bereitwillig genommen wird. Der Grund hierfür liegt darin, dass die erste Wahlmöglichkeit durch die Nennung der zweiten verblasst. Der für Sie günstigste Vorschlag gehört also an das Ende der Alternativfrage.

Fragetyp: Gegenfrage

Wer auf eine Frage mit einer Frage reagiert, wendet eine Gegenfrage an. Ohne selbst zu antworten, reagieren Sie auf die Frage des Gegenübers. Die Gegenfrage ist ein sehr verbreitetes Instrument, um selbst eine Antwort zu vermeiden. Jedoch rate ich im beruflichen Umfeld zur Vorsicht: Der Fragesteller erwartet eine Antwort, die Sie enttäuschen. Und diese Enttäuschung kann sich negativ auf die Beziehungsebene auswirken, wenn Sie diesen Fragetyp häufig einsetzen.

> Die beste Reaktion auf eine Frage ist die gewünschte Antwort. Es gibt nur drei Ausnahmen: Sie können nicht antworten, Sie wollen nicht und Sie dürfen nicht.

Gefahren beim Einsatz von Fragetechniken

Jeder Einsatz von Fragetechniken beinhaltet den vorübergehenden Verlust der Wortführerschaft. Darin liegt die Gefahr, dass Ihr Gegenüber die Gelegenheit erhält, die vorherige Aussage nochmals zu verstärken und vielleicht sogar zum Angriff überzugehen. Betrachten Sie dazu folgendes Beispiel:

Angreifer: „Sie sind für dieses Projekt nicht die richtige Besetzung!"

Reaktion: „Warum nicht?"

Angreifer: „Weil Sie fachlich den Anforderungen nicht entsprechen und auch kein gutes Englisch sprechen."

Diese Frage dient dem Angreifer als Basis, seinen Vorwurf weiter zu verstärken. Eine schlagfertige Reaktion in Frageform könnte dagegen lauten:

Reaktion: „Was spricht denn für mich als Projektleiter?"

Die Frage bringt das Gegenüber dazu, sich mit Ihren positiven Seiten auseinanderzusetzen. Ihre Fragen steuern die Gedanken des Partners. Steuern Sie durch Fragetechniken das Denken Ihres Gesprächspartners in die von Ihnen gewünschten Bahnen.

Ablehnen: Nein sagen können

Ein natürliches Bedürfnis des Menschen ist es, vor anderen in einem guten Licht dazustehen. In vielen Unternehmen gibt es Menschen, die aus diesem Grund nicht „Nein" sagen können. Sie hoffen auf Anerken-

Einige Techniken der Schlagfertigkeit 137

nung und geben deshalb auf der Sachebene nach. Die Kollegen und Vorgesetzten lernen meist sehr schnell, diese Schwäche zu nutzen.

Die Gründe für zu wenige „Nein" im Unternehmen sind genauso vielfältig wie die Menschen, die dort arbeiten:

- Drohende Vereinsamung macht es schwer, die vorhandenen sozialen Beziehungen durch ein „Nein" zu belasten.
- Die fehlende Anerkennung im Beruf motiviert dazu, zusätzliche Arbeiten anzunehmen.
- Die betrieblichen Konsequenzen des „Nein" werden als bedrohlich wahrgenommen.
- Eine kommunikative Strategie zum „Nein" ist den Menschen nicht bekannt.
- Man möchte die Harmonie des Betriebsklimas nicht gefährden.
- Man fühlt sich abhängig vom Arbeitsplatz.
- Man ist höflich und hilfsbereit.
- Man glaubt, dass es zur Rolle des Mitarbeiters gehöre, zusätzliche Arbeiten anzunehmen.

Sie lehnen effektiv ab, indem Sie eine Kurzform der Argumentation einsetzen. Nennen Sie einen ablehnenden Standpunkt und eine passende Begründung, wobei Sie die Reihenfolge umdrehen:

Begründung:	Ablehnung:
Weil ich Morgen von 10.00 bis 12.00 Uhr einen Termin mit Herrn Müller habe,	kann ich die Projektleiterschulung um 9.30 Uhr in Augsburg nicht zusätzlich übernehmen.

Die Technik des Ablehnens können Sie in vielen betrieblichen Zusammenhängen einsetzen, um sich vor unpassenden Anforderungen zu schützen:

Ablehnen von Fragen

Beispiel: „Wie viel verdienen Sie im Monat?"

Antwort: „Weil ich über die Gehaltshöhe nicht sprechen möchte, lehne ich eine Antwort ab."

Aufzeigen von Grenzen

Beispiel: „Wie oft haben Sie bereits unerlaubterweise Geschenke angenommen?"

Antwort: „Weil Sie mit ungerechtfertigten Unterstellungen arbeiten, möchte ich, dass Sie dieses Vorgehen unterlassen. Andernfalls werde ich mich über die Art und Weise beschweren."

Ablehnen von unangemessenen Arbeitsaufträgen

Beispiel: „Bearbeiten Sie mal eben diesen Antrag?"

Antwort: „Weil eine ordnungsgemäße Prüfung mindestens drei Stunden dauert, werde ich feststellen, bis wann ich ihn bearbeiten kann und Ihnen den Termin mitteilen."

Haben Sie einmal abgelehnt, lassen Sie sich im Nachhinein nicht mehr erweichen. Andernfalls bringt Ihre Reaktion Einbußen in der Glaubwürdigkeit mit sich.

Grundsätzlich gilt, dass es gut ist, hilfsbereit zu sein und andere bei der Erledigung ihrer Aufgaben zu unterstützen. Doch hat die Hilfsbereitschaft da ihre Grenzen, wo eigene Aufgaben leiden und wenn die ursprüngliche Hilfsbereitschaft ausgenutzt wird.

Viele Mitarbeiter leisten für Kollegen mit und bewahren darüber Stillschweigen aus falsch verstandener Kollegialität. Das ist unter dem Karriereblickwinkel ein großer Fehler, denn Sie leisten zusätzlich, und in der Buchhaltung Ihres Chefs bekommt ein anderer die Leistung gutgeschrieben. Lassen Sie deshalb Ihre Führungskräfte über die zusätzlichen Aufgaben nicht im Ungewissen. Teilen Sie Ihrem Chef mit. dass Sie einen Kollegen unterstützen wollen, und lasse source einräumen.

Übergehen und Verschieben

Beide Techniken können Sie einsetzen, wenn Sie es vermeiden wollen, inhaltlich Stellung zu beziehen. Dadurch bieten Sie wenig Angriffsfläche und brauchen momentan kaum Zeit zu investieren, um sich mit der Äußerung des Gegenübers auseinanderzusetzen. Vielleicht ergibt sich dann später noch einmal die Möglichkeit an der Situation anzuknüpfen und vorbereitet zu reagieren.

Das Übergehen

Wenn Sie diese Technik einsetzen, ignorieren Sie den Einwand oder Angriff des Gegenübers und reden von etwas anderem weiter. Oft sind Sie rein zufällig der Adressat für den Einwand. Sie fungieren als das willkommene Ventil für die schlechte Laune des anderen und bekommen seinen Überdruck ab, weil Sie gerade in der Nähe sind. Die Äußerung steht also in keinem Zusammenhang mit Ihrer Person. In diesem Fall ist dem Gegenüber Ihre Stellungnahme unwichtig, es möchte lediglich seine Wut abreagieren und sucht dafür einen Blitzableiter. Deshalb wird es sich Ihr Verhalten gefallen lassen und ist vielleicht sogar froh, dass Sie das ungebührliche Verhalten nicht maßregeln. Von Ihnen ist es klug, nicht anzutreten und den Fehdehandschuh liegen zu lassen. Andernfalls müssten Sie sich mit dem Gegenüber duellieren.

Das Verschieben

Bei der Technik des Verschiebens reagieren Sie zunächst nicht. Die bekannteste Form des Verschiebens behandelt das Gesagte zeitlich verzögert und kündigt den Zeitpunkt dafür an: „Lassen Sie uns das nach der

Mittagspause besprechen." Sie müssen den Punkt zwar behandeln, haben dafür jedoch eine Frist genannt und können sich entsprechend vorbereiten.

Weniger bekannt ist die Technik des Verschiebens auf eine andere Person. Sie delegieren die Reaktion auf die Äußerung in den Verantwortungsbereich einer anderen Person. Berücksichtigen Sie beim Einsatz die Auswirkungen auf Ihre Kompetenz und Autorität.

Wenn zum Beispiel einem Teilnehmer eines unserer Seminare die Raumtemperatur zu gering ist und er sich mit der Bitte an mich wendet, für eine höhere Temperatur zu sorgen, könnte ich reagieren mit: „Für die Raumtemperatur ist der Hausmeister zuständig. Der sitzt im ersten Stock. Bitte sprechen Sie ihn an." In diesem Fall hat meine Äußerung dem Teilnehmer gegenüber keine Auswirkungen auf meine Kompetenz, denn die Raumtemperatur liegt außerhalb meines Verantwortlichkeitsbereiches. Meine Autorität wird davon unbeeinflusst bleiben.

Anders liegt der Fall, wenn die Äußerung des Teilnehmers meinen Verantwortungsbereich betrifft: „Wie kann ich das Verhältnis zu meinem Chef verbessern?" Sollte ich in einem Seminar zum Thema Karrierekommunikation reagieren mit: „Gute Frage, das kann Ihnen das Büro beantworten. Rufen Sie einfach mal an", wird meine Kompetenz in den Augen des Teilnehmers abnehmen, denn ich müsste zur Beantwortung der Frage in der Lage sein. Meine Autorität in diesem Seminar wird abnehmen. Daraus folgt für Sie, in den Fällen, in denen Ihre Kompetenz vom Gegenüber angefragt wird, ist der Einsatz des Verschiebens auf eine andere Person verboten.

Definition und Umdefinition

Viele Menschen haben Schwierigkeiten, den Inhalt der Begriffe, die sie verwenden, spontan zu beschreiben. Wer in der Lage ist, die eigenen zentralen Begriffe und die seines Gegenübers zu definieren, kann die Begriffe so mit Inhalt füllen, dass es den eigenen beruflichen Zielen dienlich ist. Als gedankliches Gerüst können Sie die Definition und die Umdefinition nutzen, um eigene Begriffe und die des Gegenübers mit Inhalt zu füllen.

Die Definition

Die Definition ist ein in der Wissenschaft verbreitetes Instrument, um Begriffe mit Inhalt zu füllen. Dabei wird der zu beschreibende Begriff genannt und eine Obermenge gebildet, aus dem der zu beschreibende Begriff dann positiv abgegrenzt wird.

Beispiel:

Begriff:	Schlagfertigkeit,
Obermenge:	ist die Fähigkeit,
Abgrenzung:	jederzeit die richtige verbale Reaktion zu finden.

Beispiel I:

Chef sagt: „Sie sollten mehr Eigenverantwortung übernehmen."

Antwort: „Chef, ...

Begriff:	... Eigenverantwortung
Obermenge:	ist eine Einstellung gegenüber sich selbst,
Abgrenzung:	die die Konsequenzen des Handelns soweit als möglich in die Entscheidung über das Handeln mit einbezieht.

... Deshalb möchte ich möglichst frühzeitig alle relevanten Informationen haben, damit ich best möglich entscheiden kann."

Beispiel II:

Kollege sagt: „Sie sollten Berufliches und Privates voneinander trennen."

Antwort: „Herr Definity, ...

Begriff:	... ‚Berufliches'
Obermenge:	sind alle Aufgaben im Unternehmen,
Abgrenzung:	die dazu beitragen, dass wir großen Mehrwert schaffen.

... Wenn das ‚Private' dazu beiträgt, den Mehrwert für das Unternehmen zu steigern, dann bin ich in diesen Feldern bewusst aktiv. Vielleicht nehmen Sie sich ein Beispiel daran."

Mit der Definition wirken Ihre Gesprächsbeiträge durchdacht und strukturiert. Sie bleiben sachlich und können Differenzen und Übereinstimmungen prägnant darstellen.

Im beruflichen verbalen Austausch ist der formale Anspruch an die Konstruktion der Definition deutlich geringer als in der Wissenschaft. In unserem Beispiel mit dem Chef könnte die Antwort vielleicht lauten: „Chef, das bedeutet, dass ich die Konsequenzen berücksichtigen muss. Je mehr Informationen ich rechtzeitig habe, desto besser werden die Ergebnisse sein." Im Kollegenbeispiel könnte geantwortet werden: „Ich widme mich mit Vorliebe Aufgaben, die einen hohen Mehrwert schaffen. Wenn private Kontakte auch einfließen, ist das doch hervorragend."

Die Umdefinition

Die Umdefinition ist ein Instrument, um durch gezielte Interpretation einen anderen Blickwinkel zu eröffnen. Dabei wird ein wichtiger Grundsatz der Schlagfertigkeit genutzt:

Niemand kann dich zwingen, eine Äußerung deines Gegenübers so zu verstehen, wie sie gemeint war.

Gerade im beruflichen Umfeld haben Sie einen großen Spielraum, um zu reagieren. Die Umdefinition wird folgendermaßen konstruiert:

Wenn Sie unter [umzudefinierender Begriff] verstehen, dass [Umdefinition], dann [Darstellung in eigener Sache].

[umzudefinierender Begriff]: Der umzudefinierende Begriff ist der Teil der Äußerung des Gegenübers, der die Wertung enthält. Meist ist es der betonte Teil der Aussage des Partners.

[Umdefinition]: Die Umdefinition eröffnet einen neuen Blickwinkel auf den umzudefinierenden Begriff.

[Darstellung in eigener Sache]: Hier können Sie positiv für sich oder die eigene Sache reagieren und Ihre Leistungen in den Mittelpunkt rücken.

Beispiel I:

Chef sagt: „Sie sollten mehr Eigenverantwortung übernehmen."

Antwort: „Chef, ...

umzudefinierender Begriff:	...wenn ‚Eigenverantwortung' für Sie bedeutet,
Umdefinition:	dass ich mich noch stärker einbringen soll,
Darstellung in eigener Sache:	dann freut mich Ihr Vertrauen in meine Leistungsfähigkeit und Kompetenz."

Beispiel II:

Kollege sagt: „Sie sollten Berufliches und Privates voneinander trennen."

Antwort: „Herr Definity, ...

umzudefinierender Begriff:	...wenn ‚Berufliches' und ‚Privates' bedeutet,
Umdefinition:	dass die Verknüpfung dieser beiden Bereiche mir wichtige Potenziale erschließt,
Darstellung in eigener Sache:	dann zeigt dies, warum ich erfolgreich durch diese Strategie im Vertrieb bin."

Mit etwas Training gewöhnen Sie sich an die Techniken Definition und Umdefinition sehr schnell. Beispielsweise können Sie morgens mit der Tageszeitung trainieren. Nehmen Sie die Titelschlagzeile, beziehen Sie den Inhalt auf sich und definieren Sie einen Begriff positiv um. Sie könnten folgendermaßen vorgehen: Die Titelschlagzeile lautet: „Das Bruttoinlandsprodukt ist um drei Prozent gefallen." Nun beziehen Sie den Begriff ‚Bruttoinlandsprodukt' auf sich und formen daraus zu Trainingszwecken den möglichen Einwand eines Gegenübers. „Sie Bruttoinlandsprodukt!" Nun definieren Sie den Begriff anhand der Technik Umdefinition um:

umzudefinierender Begriff:	„Wenn „Bruttoinlandsprodukt' für Sie bedeutet,
Umdefinition:	dass ich der Maßstab für wirtschaftliche Leistungsfähigkeit bin,
Darstellung in eigener Sache:	dann ehrt mich diese Anerkennung."

Auf der beruflichen Bühne ist es wahrscheinlich unerwünscht und nicht ratsam, permanent in dieser Form zu zeigen, wer der schlagfertigere Verbalprofi ist. Von Ihnen wird nicht erwartet, dass Sie gescheite Widerworte geben, sondern dass Sie das Unternehmen oder Ihren Verantwortungsbereich effektiv voranbringen. Setzen Sie deshalb diese Strategien ein, um Positionen konsensfähiger zu machen, um ausgleichend zu wirken und Menschen einander näherzubringen. Dadurch werden Sie den Ruf aufbauen, mit Sprache umgehen zu können und ein guter Rhetoriker zu sein.

Der 1:1-Spiegel

Der 1:1-Spiegel ist ein kommunikatives Instrument, das die Aussage des Partners mit anderen Wörtern inhaltlich wiedergibt. Es ist ein Werkzeug, das der therapeutischen Gesprächsführung entnommen ist. Ursprünglich diente es dazu, die Gesprächsbereitschaft von Klienten zu erhöhen.

Der 1:1-Spiegel wird eingeleitet mit den Formulierungen „Sie sagen, ..." bzw. „Du sagst, ...", wenn auf eine Aussage reagiert wird. Stellt der Gesprächspartner eine Frage, reagieren Sie mit „Sie fragen sich, ..." oder „Du fragst dich, ...".

Beispiel I:

Chef: „Sie sollten heute Abend zwei Überstunden machen."

Antwort: „Sie sagen, im Anschluss an die normale Arbeitszeit bin ich noch etwa bis 20.00 Uhr erforderlich."

Beispiel II:

Kunde: „Da müssen Sie noch etwas am Preis machen."

Antwort: „Sie sagen, wenn wir Ihnen einen entsprechenden Rabatt auf den Listenpreis einräumen, kommen wir ins Geschäft."

Beispiel III:

Kollege: „Wann hast Du das denn endlich fertig?"

Antwort: „Du fragst Dich, wann die Bearbeitung abgeschlossen ist."

Die Antworten lassen erkennen, dass bei dieser Technik der Spielraum zur eigenen Interpretation vergleichsweise wenig genutzt wird. Ziel der Anwendung ist es, den Gesprächspartner mit der eigenen Aussage zu konfrontieren und ihn dadurch zum Weitersprechen zu bewegen. Heute besitzt der 1:1-Spiegel ein breites Einsatzfeld in der Geschäftswelt. Sie können durch den Einsatz dieser Technik im Gespräch folgende Vorteile realisieren:

- ▶ Sie geben keine eigenen Informationen und können dadurch Ihre Meinung zu dem Thema zunächst aus dem Gespräch heraushalten.
- ▶ Sie gewinnen Zeit und können die zusätzlichen Informationen in die eigene Antwort einbeziehen.
- ▶ Sie wirken als guter Zuhörer.
- ▶ Sie können das eigene Verstehen überprüfen. Sollte Ihr Verständnis von der Äußerung des Partners falsch sein und Sie deshalb fehlerhaft spiegeln, wird der Partner korrigieren: „Nein, das habe ich nicht gemeint. Ich wollte sagen ..."
- ▶ Sie bauen eine gute Beziehungsebene auf, weil Sie dem Gesprächspartner Raum geben, seine eigenen Gedanken zu entwickeln.
- ▶ Im Konfliktfall wirkt diese Technik beruhigend, denn Sie nehmen selbst nicht Stellung zu einer Aussage und gießen damit kein Öl ins Feuer.
- ▶ Sie können diese Technik auch verwenden, um Einwände und Angriffe abzuwehren.

Die Anwendung des 1:1-Spiegels ist in der beruflichen Gesprächspraxis gefahrlos, wenn Sie eine wichtige Empfehlung berücksichtigen: Übertreiben Sie es nicht. Wenn Sie selbst zu wenig Inhalt liefern, fühlt sich das Gegenüber ausgehorcht oder verhört. Das Gespräch könnte einen therapeutischen Charakter bekommen, der in der Berufswelt meist unerwünscht ist. Setzen Sie den 1:1-Spiegel ein, wenn Sie die Vorteile realisieren wollen, die die Anwendung dieser Technik bietet.

Die 5D-Spiegel

Der 1:1-Spiegel reagiert auf eine von insgesamt fünf möglichen Dimensionen. Die 5D-Spiegel bieten zu jeder der Dimensionen eine Spiegelvariante an und ermöglichen es Ihnen in Gesprächen und Verhandlungen, wesentlich treffender zu reagieren.

Zunächst möchte ich Sie mit den fünf Dimensionen der Kommunikation vertraut machen, um dann die 5D-Spiegel einzuführen.

1. Appell-Dimension: Durch seine Worte kann Ihr Gegenüber Sie zu einer Handlung auffordern wollen.
2. Ich-Dimension: Ihr Gesprächspartner kann über sich erzählen wollen und sich selbst darstellen.
3. Du/Sie-Dimension: Der Partner kann eine Aussage über Sie treffen wollen.
4. Wir-Dimension: Das Gegenüber kann die Beziehung zu Ihnen thematisieren wollen.
5. Info-Dimension: Der Gesprächspartner könnte eine Aussage die Sache betreffend machen wollen. [1:1-Spiegel]

Um die jeweilige Dimension zu spiegeln, werden folgende Einleitungen verwendet:

Spiegeldimension	Einleitungsformulierung
Appell-Dimension:	Sie sagen, ich [oder ein anderes Personalpronomen] soll ...

Spiegeldimension	Einleitungsformulierung
Ich-Dimension:	Sie sagen, Sie sind …
	Du sagst, Du bist …
	[Sie sprechen die Ich-Ebene des Gegenübers an.]
Du/Sie-Dimension:	Sie sagen, ich sei …
Wir-Dimension:	Sie sagen, wir …
Info-Dimension:	Sie sagen, es ist …

Das Interessante ist, bei jeder Äußerung Ihres Gegenübers kann Ihrerseits jede Dimension angesprochen werden. Damit können Sie entscheiden, welche der fünf Dimension gespiegelt wird und die Gedanken des Gegenübers beeinflusst.

Beispiel:

Äußerung eines Kollegen: „Sie sollten sich auf Ihre Besprechungen besser vorbereiten."

Spiegeldimension	Antworten
Appell-Dimension:	„Sie sagen, ich sollte nur Themen zulassen, die vorher auf die Agenda gesetzt wurden."
Ich-Dimension:	„Sie sagen, Sie können mir ein paar Anregungen geben."
Du/Sie-Dimension:	„Sie sagen, ich sei einigen Teilnehmern gegenüber zu unnachgiebig."
Wir-Dimension:	„Sie sagen, wir können die letzte Besprechung einmal gemeinsam reflektieren."

Spiegeldimension	Antworten
Info-Dimension:	„Sie sagen, es ist eine echte Leistung gewesen, die Teilnehmer in der letzten Besprechung arbeitsfähig zu halten."

Gerade in der Berufswelt wird die Fähigkeit erwartet, durch nützliche Impulse Gespräche, Diskussionen und Sitzungen arbeitsfähig zu halten. Die 5D-Spiegel sind ein sehr effektives Instrumentarium zur Gesprächssteuerung. Geben Sie mehrmals Ihrem Gesprächspartner eine Vorlage in der Info-Dimension, wird er sich den Impulsen zur Sachlichkeit nicht entziehen können und selbst sachlich reagieren.

5.3 Mut zur schlagfertigen Reaktion

Wer gezielt den Ruf aufbauen will, schlagfertig zu sein, braucht Mut. Seine eigenen Überzeugungen couragiert auch gegen Widerstand zu vertreten, erfordert Stehvermögen und Rückgrat. Gerade wenn dann auch noch der eigene Chef betroffen ist, sind viele eher kleinlaut als schlagfertig.

Das ist normal. Dass Mitarbeiter gegenüber dem eigenen Chef oder einem wichtigen Kunden Beißhemmungen haben, ist sogar wünschenswert. Sonst könnte es allzu leicht passieren, dass sich aufgebrachte Menschen um Kopf und Kragen reden.

Viele Menschen erleben sich jedoch gerade im betrieblichen Umfeld als übervorsichtig. Sie trauen sich nicht, das Wort zu ergreifen, und zögern. In dem Moment fasst sich ein anderer ein Herz und bringt genau den Punkt zu Gehör, den man selbst angstvoll verschwiegen hat, und erntet lautstark Beifall von Kollegen und Vorgesetzten. Bewunderung für den

Kollegen und Ärger über das eigene Verhalten mischen sich. Und die eigene Rolle ist die des passiven Zuschauers, während ein anderer als Protagonist ganz oben auf dem Siegertreppchen steht.

Die eigene Karriere könnte sich sprunghaft entwickeln, wenn die sprachlichen Fähigkeiten auch in den entscheidenden Situationen zur Verfügung stünden. Alle Voraussetzungen sind scheinbar gegeben: überdurchschnittlicher Sachverstand, Anerkennung von Kollegen und Führungskräften, hoher Einsatz bis an die Belastungsgrenze und der Wille, sich zu entwickeln. Und dennoch klappt es irgendwie nicht. Man weiß, dass es so ist, und bekommt sein eigenes Verhalten dennoch in vielen entscheidenden Situationen nicht in den Griff.

Oft sind es Vorurteile und Annahmen, die das eigene Verhalten begrenzen und den Mut zur schlagfertigen Äußerung rauben. Diese Glaubenssätze beanspruchen oft universelle Gültigkeit und lassen keine Ausnahmen zu. Diese Unumstößlichkeit versklavt Denken und Handeln der Betroffenen. Richtig ist, dass diese Behauptungen manchmal richtig sind, jedoch immer hinterfragt werden sollten, bevor sie handlungsleitend werden. Einige dieser weit verbreiteten Überzeugungen habe ich Ihnen zusammengetragen.

Überzeugungen, die begrenzend wirken

Überzeugung: Man lässt das Gegenüber ausreden!

Richtig dagegen ist: In Vier-Augen-Gespräches ist es ratsam, sein Gegenüber ausreden zu lassen, denn es möchte seinen Gedankengang zum Ende bringen. In Gruppen sollten Sie prüfen, ob die Länge des Beitrags angemessen ist und er inhaltlich passt. Hält der Beitrag dieser Qualitätsanforderung nicht stand, merken Sie es an. Sollte Sie der Gesprächspartner aus strategischen Gründen nicht zu Wort kommen lassen, unterbrechen Sie ihn, egal ob in der Gruppe oder im Vier-Augen-Gespräch.

Überzeugung: Du musst hören!

Richtig dagegen ist: Ein guter Zuhörer zu sein, ist eine wichtige Eigenschaft, die Sie pflegen sollten. Doch muss es beim Zuhören erlaubt sein, das eigene Hirn einzuschalten und das Gesagte aufgrund der eigenen Erfahrungen zu reflektieren. Sollte sich herausstellen, dass es Verständnisschwierigkeiten oder Widersprüche gibt, ist es erlaubt, diese zur Sprache zu bringen.

Überzeugung: Sei anständig und höflich!

Richtig dagegen ist: Die geltenden Umgangsformen sind einzuhalten und erleichtern den Umgang miteinander. Wer hier Unsicherheiten oder Defizite verspürt, sollte diese beseitigen. Falsch ist es jedoch, Höflichkeit und Anstand mit fehlender Reflexion und Kadavergehorsam zu verwechseln.

Überzeugung: Antworte, wenn du gefragt wirst!

Richtig dagegen ist: Grundsätzlich ist es richtig, Fragen zu beantworten, denn der Fragesteller erwartet die gewünschte Antwort. Verweigern Sie ihm eine Antwort, wird er das übel nehmen. Es gibt jedoch Antworten, die Sie nicht geben können, wollen oder dürfen. In diesen Situationen ist es auch legitim, eine Antwort schuldig zu bleiben. Sie sind vielleicht sogar zur Verschwiegenheit verpflichtet.

Überzeugung: Der Chef hat immer recht!

Richtig dagegen ist: Verlieren Sie sich nicht in kleinkarierten Streitereien. Das bringt nichts und es kostet Energie. Außerdem ist es für einen Mitarbeiter nicht rollenadäquat, sich mit dem Chef zu streiten. Doch wenn es in der Sache notwendig ist, ein Ergebnis zu verbessern, steigen Sie auch mit dem Chef in den Ring. Wertschätzend und respektvoll – das versteht sich von selbst für Menschen, die beruflich vorankommen wollen.

Überzeugung: Reden ist Silber, schweigen ist Gold!

Richtig dagegen ist: Dieses Sprichwort ist dann zutreffend, wenn die Fronten so verhärtet sind, dass jedes weitere Wort die Situation nur verschlimmert. Dann tut Schweigen gut und vielleicht findet man ja morgen einen gemeinsamen Weg. Grundsätzlich gilt jedoch, dass es besser ist, im Gespräch zu bleiben. Solange Menschen im Gespräch sind, verhandeln sie, sind die Positionen im Fluss und die Chance auf eine Einigung besteht. Schweigen dagegen zementiert die gegensätzlichen Positionen.

Überzeugung: Überzeuge durch Fachlichkeit.

Richtig dagegen ist: Überdurchschnittliche Fachlichkeit ist lediglich die Voraussetzung für eine Karriere. Niemand befördert Menschen, die fachlich schwach sind. Doch gutes Wissen alleine reicht eben nicht, auch wenn es mit viel Energie über Jahre angehäuft wurde. Achten Sie besonders auf Ihre methodischen und sozialen Kompetenzen. Im Zweifel werden diese Ihre Karriere beschleunigen.

Als persönliche Ausstattung für jemanden, der Karriere machen will, sind zum Beispiel erforderlich:

1. umfangreiches Fachwissen
2. überdurchschnittliche soziale Fähigkeiten
3. hervorragende Kenntnisse in Präsentation
4. situationsgerechter Umgang mit Sprache
5. ein umfangreiches gepflegtes Netzwerk
6. ein unterstützendes Team

Werfen Sie viele dieser unzutreffenden Annahmen über Bord. Stellen Sie mutig Ihre Fähigkeiten in den Vordergrund. Signalisieren Sie, dass Sie mehr können und mehr wollen. Verschaffen Sie sich über gute Leistungen die Anerkennung der Führungskräfte und Gehör bei den Einflussreichen.

Es gibt ebenfalls Glaubenssätze, die es erleichtern, für sich und seine Sache mutig zu streiten. Auch an dieser Stelle möchte ich Ihnen eine Auswahl zur Verfügung stellen:

- Ich bin ein gefragter Fachmann/eine gefragte Fachfrau.
- Ich kann Menschen überzeugen.
- Ich stehe mutig für meine Positionen ein.
- Ich pflege meine Beziehungen zu Kunden, Mitarbeitern und Vorgesetzten.
- Mir fallen die Wörter ein, die ich brauche, um das zu sagen, was ich sagen will.
- Ich präsentiere sicher und souverän.
- Ich baue ein attraktives Netzwerk auf.
- Ich bin hilfsbereit, ohne mich ausnutzen zu lassen.
- Ich erreiche meine Ziele.

5.4 Der Weg zur spontanen Reaktion

Wer kennt das nicht: Wenn die Situation vorbei ist, fällt einem ein, was man alles hätte sagen können. Denn häufig sind berufliche Situationen mit Stress behaftet und leider erschwert uns das Adrenalin das Denken. Was wir in unbelasteten Situationen spontan sprachlich verfügbar haben, fällt uns, wenn es darauf ankommt, nicht oder erst verspätet ein.

Der Wortschatz steht nicht zur Verfügung. Das macht schlagfertiges Reagieren aus der Situation heraus nahezu unmöglich.

Mit den Worten, die wir permanent benutzen, um unsere privaten und beruflichen Situationen sprachlich zu meistern, sind wir vertraut. Das ist der aktive Wortschatz. Wir sind gewohnt, mit diesen Wörtern umzugehen, und sie fallen uns spontan ein, wenn wir sie brauchen.

Der passive Wortschatz wird gebildet durch die Wörter, die wir zwar von der Bedeutung her kennen, jedoch seltener benutzen. Mit diesen Wörtern tun wir uns im Umgang schwerer. Kommt dann noch ein Stress auslösender Faktor dazu, stellt sich oft peinliche Sprachlosigkeit ein.

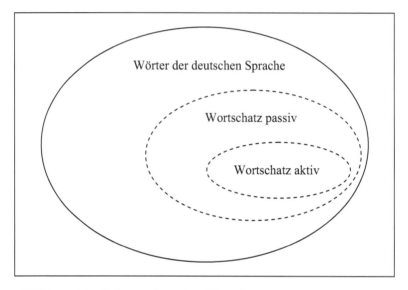

Abbildung 15: Aktiver und passiver Wortschatz

Der Weg zur spontanen Reaktion und damit zu mehr Schlagfertigkeit führt über den Wortschatz. Wer den Zugriff auf Wörter in Belastungssituationen trainiert, erhöht Schritt für Schritt die Zugriffsgeschwindigkeit auf den aktiven und passiven Wortschatz. Das Sprachzentrum im Gehirn macht die Erfahrung, dass Worte auch in Belastungssituationen verfügbar sind. Dadurch verliert die Belastungssituation ihren beängstigenden Charakter und es wird Platz geschaffen für Selbstvertrauen. Ich kann darauf vertrauen, dass mir auch in Belastungssituationen die Wörter einfallen, die ich brauche, um treffend das zu sagen, was ich sagen will.

Wortschatztraining

Jetzt stellt sich natürlich die Frage, wie ein Wortschatztraining aussehen kann. Dazu möchte ich Ihnen zehn erfolgreiche Trainingsmethoden an die Hand geben, damit Sie den spontanen Umgang mit Wörtern trainieren können.

Übung 1: Finden Sie eine Minute lang Verben, die mit einem bestimmten Anfangsbuchstaben beginnen. Beginnen Sie mit den häufigen Buchstaben des Alphabetes wie zum Beispiel „a", „b" oder „e". Steigern Sie den Schwierigkeitsgrad, indem Sie die selteneren Buchstaben bearbeiten, zum Beispiel „c", „j" oder „qu".

Übung 2: Finden Sie Adjektive, um einen Gegenstand Ihrer Wahl zu beschreiben. Nehmen Sie zum Beispiel ein Tier, ein Möbelstück oder Fahrzeug.

Übung 3: Beschreiben Sie einen Raum aus Ihrem Gedächtnis. Nehmen Sie zum Beispiel Ihr Büro, die Küche oder das Badezimmer. Schreiben Sie anfangs zehn Sätze und steigern Sie langsam auf fünfundzwanzig.

Übung 4: Suchen Sie Synonyme für gängige Verben, zum Beispiel „essen", „gehen" oder „sprechen".

Übung 5: Argumentieren Sie zur Titelschlagzeile Ihrer Tageszeitung, indem Sie dazu Stellung beziehen. Vertreten Sie auch den Gegenstandpunkt dazu. Steigern Sie den Schwierigkeitsgrad, indem Sie diese Übung zunächst zu Themen durchführen, bei denen Sie über Vorwissen verfügen. Argumentieren Sie später zu Themenbereichen, in denen Ihnen umfangreiches Vorwissen fehlt.

Übung 6: Trainieren Sie Ihre Kreativität, indem Sie sich überlegen, was Sie mit einen Gegenstand Ihrer Wahl alles machen könnten, zum Beispiel „Büroklammer", „Armbanduhr", „Ziegelstein" oder „Bügeleisen".

Übung 7: Definieren Sie Begriffe Ihrer Wahl (um).

Übung 8: Erzählen Sie eine kleine Geschichte, in der folgende sechs Substantive auftauchen: „Bilanz"; „Hochseefischerei"; „Himbeere"; „Politikverdrossenheit"; „Ölwechsel"; „Trigonometrie".

Übung 9: Referieren Sie aus dem Stegreif die Hauptnachrichten.

Übung 10: Halten Sie eine Stegreifrede zur Titelschlagzeile Ihrer Tageszeitung.

Viel Zeit zum Training brauchen Sie nicht. Circa fünf bis sieben Minuten pro Tag reichen aus, um innerhalb von acht Wochen eine spürbare Verbesserung im Umgang mit Wörtern zu erzielen.

Sie werden feststellen, dass dieses Training auch vor Publikum den Effekt hat, dass Sie viel flüssiger formulieren können. Wenn Sie die ersten positiven Erfahrungen gemacht haben, werden die Souveränität und das Selbstvertrauen deutlich steigen. Dann werden Sie Präsentations- und Einwandsituationen immer wieder gezielt suchen, um sich zu beweisen, dass Sie diese Belastungssituationen mit Bravour bewältigen können. Sie werden bewundert werden und die sprachlichen Voraussetzungen für eine schnelle Karriere erfüllen.

5.5 Unterscheidung: Angriffe und Einwände

Auf der beruflichen Bühne werden manchmal auch Ellenbogen eingesetzt, um Kollegen zu verdrängen. Gerade in wirtschaftlich schwierigen Zeiten nehmen die Ressourcen ab und der Druck insgesamt zu. Folglich wird auch der Umgang unter den Mitarbeitern ruppiger, die Auseinandersetzungen werden dynamischer geführt.

Dabei können zwei Vorgehensweisen unterschieden werden. Einwände sind Äußerungen, die auf fachliche Missstände oder andere Meinungen aufmerksam machen. Sie haben also einen sachlichen Hintergrund. An-

Unterscheidung: Angriffe und Einwände

griffe sind Äußerungen, die dagegen persönlich motiviert sind und auf die Person zielen. Beispielsweise könnte das Gegenüber Sie abqualifizieren oder Ihnen die notwendige Erfahrung absprechen.

Grundsätzlich gilt, dass Ihr Umgang sach- und problemlösungsorientiert sein sollte, freundlich und wertschätzend gegenüber den Menschen und klar in der Sache. Die Beteiligung an irgendwelchen Hetzjagden ist verboten. Selbst zum Angriff zu blasen und den Gesprächspartner persönlich abzuwerten passt nicht zu einem souveränen Ruf. Vollends peinlich wird die Sache dann, wenn Sie sich bei der versuchten Attacke eine blutige Nase holen und scheitern. Schon eine abwertende Aussage in Abwesenheit des Kollegen oder des Vorgesetzten kann sich schädlich auf Ihr Image auswirken. Daraus folgt: Finger weg von persönlichen Angriffen im beruflichen Umfeld, denn sie schaden der Karriere und können Monate intensiver Netzwerkarbeit zerstören.

Dennoch kommt es natürlich vor, dass man sich unversehens als Ziel von Einwänden und Angriffen wiederfindet. Gerade in der Berufswelt gilt es besonders, Verantwortung zu übernehmen für die eigene Kommunikation, dass heißt die möglichen Folgen der Kommunikation so weit als möglich in die gegenwärtige Kommunikation einzubeziehen. Leidend die Angriffe zu ertragen wirkt natürlich zu passiv oder schwach. Deshalb brauchen Sie eine Reaktion, die stark ist und gleichzeitig die Sachlichkeit betont. Niemand kann Sie zwingen, unsachlich zu werden und Ihre souveräne Rolle zu verlassen. Nutzen Sie die Argumentation zu einer sachlichen Stellungnahme. Sollte Ihr Gegenüber so in Rage sein, dass es Ihnen vermutlich nicht für die Dauer der Argumentation zuhört, können Sie auch die Kurzform der Argumentation verwenden: Nennen Sie zuerst den Grund und dann den Standpunkt. Als Alternative können Sie auch eine Definition oder eine Umdefinition einsetzen. Wichtig ist nur, dass Ihnen eine sachliche Formulierung gelingt. Sonst gießen Sie Öl ins Feuer und die Auseinandersetzung wird noch hitziger.

Der Umgang mit Einwänden ist einfacher, weil der Gesprächspartner nicht so emotionalisiert ist und zuhört. Hier ist es eine Frage der Vorbereitung, um Fakten zu nennen, die den anderen überzeugen. In diesen Situationen liegt der klassische Anwendungsfall der Argumentation vor. Häufig kennen Sie in beruflichen Zusammenhängen die Bedürfnisse Ihres Gegenübers sehr gut. Sie können aus der Erfahrung heraus zutreffend vermuten, welche Einwände das Gegenüber vorbringen wird. Wer die Einwände im Vorfeld schon kennt, kann sie entsprechend vorbereiten.

5.6 Einwandkartei: Überforderung durch Planung ersetzen

Die professionelle Behandlung der Äußerungen Ihres Gegenübers ist eine der wichtigsten Fähigkeiten, die Sie in der Schlagfertigkeit brauchen. Ohne den diplomatischen Umgang mit der Opposition wird kaum eine Karriere auskommen. Gleichzeitig werden Sie aus Ihrer Lebenserfahrung bestätigen können, dass das spontane Reagieren natürlich viel schwererfällt als die Einwandbehandlung mit entsprechender Vorbereitungszeit. Deshalb möchte ich Ihnen eine Methode empfehlen, mit der Sie die Überforderung durch gezielte Planung ersetzen können. Fertigen Sie sich eine Einwandkartei an, die Ihre individuellen Einwände und Angriffe Ihrer beruflichen und privaten Umwelt zum Gegenstand hat. Nehmen Sie dazu Karten in DIN A5-Größe. Schreiben Sie Aussagen oder Fragen auf die Karten, auf die Sie nicht spontan reagieren konnten. Die Karten sollten folgendermaßen strukturiert werden:

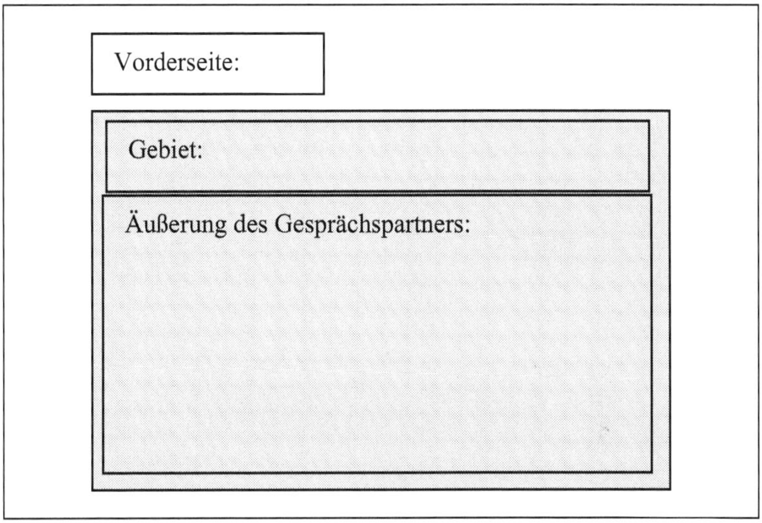

Einwandkartei: Überforderung durch Planung ersetzen 159

Vorderseite:

Gebiet:

Äußerung des Gesprächspartners:

Abbildung 16: Vorderseite einer Karte aus der Einwandkartei

Rückseite:

Reaktionen:

Strategie

Strategie

Strategie

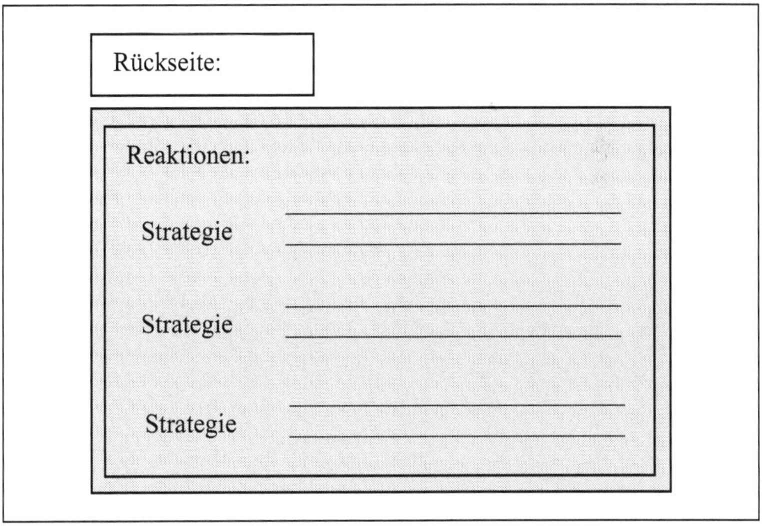

Abbildung 17: Rückseite einer Karte aus der Einwandkartei

Beim Aufbau der Einwandkartei werden Sie feststellen, dass es wenige Einwände und Angriffe gibt, die sehr häufig formuliert werden. Die Vorbereitung dieser zehn bis fünfzehn Einwände stattet Sie sehr gut aus für circa neunzig Prozent der Einwandfälle. Maximal fünfzehn Karten müssen Sie bearbeiten, um in neun von zehn Fällen vorbereitet reagieren zu können, statt spontan reagieren zu müssen. In kaum einem anderen Fall können Sie mit derart wenig Aufwand eine so spürbare Erleichterung erreichen.

6. Karriere braucht Führung

Karrieren sind immer eng mit Führung verbunden. Gewinnen Sie Ihre eigenen Führungskräfte als wichtige Fürsprecher, wenn es um Ihre berufliche Entwicklung geht. Dies gilt für Führungskräfte wie auch für Mitarbeiter ohne Weisungsbefugnis. Wer seine Führungskraft auf seiner Seite weiß, hat einen einflussreichen Karrierehebel, der weit in die Unternehmung hineinreicht.

Dabei können diese Karriereimpulse nicht nur von Ihren Vorgesetzten ausgehen, sondern auch von Ihnen oder von Dritten im Unternehmen, den so genannten Karrierementoren. Außerdem kann auch ein Team, das karriereorientiert zusammenarbeitet, wichtige Impulse geben, um die Karrieren der Mitglieder zu beflügeln.

6.1 Sich selbst karriereorientiert führen

In vielen großen Unternehmen ist die Führungskraft nicht direkt vor Ort, der Kontakt ist sehr locker oder gar nicht vorhanden. Der eigene Vorgesetzte steht zwar auf dem Papier, doch in der Praxis wird nicht sichtbar geführt. Solange die Kennzahlen im Rahmen der Vorgaben liegen, gibt es keine Berührungspunkte. Dieser Zustand wird von dem Mitarbeiter vielleicht als unproblematisch oder gar wünschenswert erlebt. Man kennt sich nicht und man braucht sich nicht, denn die betrieblichen Strukturen und Prozesse funktioniert auch ohne den Kontakt.

Dies ist nicht nur ein Problem des Großkonzerns. Auch bei mittelständischen Unternehmen kann der Kontakt zwischen Führungskraft und Mitarbeiter gegen null tendieren, wenn die Arbeitsebene den Kontakt nicht erfordert. Oft sind die Leitenden mit strategischen Aufgaben so belastet, dass für die Mitarbeiter in ihrem Verantwortungsbereich kaum noch Zeit übrig bleibt.

Wenn dann jedoch plötzlich Situationen entstehen, in denen sich zum Beispiel der Markt verändert oder wirtschaftliche Schwierigkeiten auftreten, ist eine eingespielte Mannschaft erforderlich, die auf gemeinsame Führungserfahrungen zurückgreifen kann. Leider ist jetzt die Beziehung zwischen Mitarbeiter und Führungskraft nicht erprobt, man kennt sich nicht und verliert wertvolle Zeit, um arbeitsfähig zu werden.

Um nicht führungslos zu sein, müssen Sie selbst die Initiative ergreifen und sich selbst karriereorientiert führen. Dazu legen Sie Ziele fest, die die vorgegebenen ergänzen. Achten Sie darauf, dass die Ziele maßgeblich zur Wertschöpfung des Unternehmens beitragen und aus der Routine herausfallen. Von Vorteil ist, wenn Sie Engpassfähigkeiten einsetzen können. Sprechen Sie die Ziele mit der Führungskraft ab, um entsprechende Rückendeckung zu haben.

Auf einen wichtigen Zusammenhang möchte ich Sie an dieser Stelle aufmerksam machen. Sollten Sie zu den Leistungsträgern im Verantwortungsbereich Ihrer Führungskraft gehören und zusätzlich noch wichtige Engpassfähigkeiten besitzen, ist die Abhängigkeit Ihres Chefs von Ihnen vergleichsweise hoch. Wenn Sie gehen, erbringt keiner mehr den Output, den der Chef braucht, um seine eigenen Ziele zu erreichen.

Steuern Sie deshalb dieser Abhängigkeit gezielt entgegen, indem Sie Aufgaben abgeben, die dazu dienen, Kollegen zu entwickeln und die Wissensbasis innerhalb der Abteilung zu verbreitern. Viele Mitarbeiter haben hier leider das Gefühl, den Ast abzusägen, auf dem sie sitzen, denn nur wer Engpassfähigkeiten allein beherrscht, sichert seinen Arbeitsplatz. Diese Einstellung ist falsch und extrem karrierefeindlich.

Wer angstvoll auf seinem Wissen sitzt, muss auch an der Stelle kleben, die diese Fähigkeiten erfordert. Eine Karriere, die auf einer solchen entwicklungsfeindlichen Grundeinstellung fußt, wird sich extrem zäh entwickeln. Zwar könnte man sich vielleicht vorstellen, dass Sie auch etwas anderes machen, doch sind Sie auf Ihrer bisherigen Stelle nicht ersetzbar. Das hält sie auf Ihrer Stelle fest, wie ein Gummiband, das Sie immer wieder zurückzieht.

Wer sein Wissen dagegen freudig weitergibt und gleichzeitig sich selbst weiter qualifiziert, schafft die Voraussetzung für einen beruflichen Aufstieg. Sie trainieren die Entwicklung von Menschen als eine der wesentlichen Fähigkeiten der höheren Führungskräfte und empfehlen sich damit für den Aufstieg.

> Machen Sie Menschen erfolgreich und Sie werden selber erfolgreich sein.

Wenn wir dieses Themenfeld auf unseren Veranstaltungen zum Thema Führung ansprechen, gibt es einen Haupteinwand, der immer wieder in Unternehmen und Verwaltungen vorgetragen wird: „Die Entwicklung des Umfeldes kostet Zeit, die wir nicht haben." Leider ist das vielfach absolut korrekt. Lernen erfordert Zeit, die für andere Aufgaben nicht zur Verfügung steht. Wer sagt, dass er zum Lernen keine Zeit hat, sagt auch, dass er seine Fähigkeiten nicht auf geänderte Rahmenbedingungen einstellen kann. Kurzfristig wird diese Priorisierung zuungunsten des Lernens Leistung steigern, wenn die Veränderungsdynamik gering ist. Langfristig oder bei hoher Veränderungsdynamik ist eine lernfeindliche Einstellung katastrophal, denn es werden immer weniger Fähigkeiten eingesetzt werden können, um Mehrwert zu schaffen.

Organisieren Sie Ihre eigene Arbeit und Ihr Arbeitsumfeld so, dass ein angemessenes Maß an Lernen möglich ist.

> Die beste Personalentwicklungsmaßnahme ist die Delegation anspruchsvoller Aufgaben und die entwicklungsorientierte Betreuung bei der Bearbeitung.

Legen Sie das Fundament für eine entwicklungsfreundliche Arbeitsatmosphäre. Entwickeln Sie sich und andere zielorientiert. Das wird auch Ihre Leitenden auf Sie aufmerksam werden lassen.

6.2 Vom Umgang mit dem Chef

Damit Ihr Chef die selbst gesetzten Ziele akzeptiert, brauchen Sie den notwendigen Freiraum, den Ihnen der Chef zubilligen muss. Um die Bereitschaft des Chefs zu steigern, Ihren Zielsetzungen zuzustimmen, sollten Sie folgende Anregungen berücksichtigen:

- Beanspruchen Sie die Zeit Ihres Chefs auf einem leicht überdurchschnittlichen Niveau.
- Achten Sie auf einen effektiven und effizienten Umgang mit dem Chef. Ihre Leistungen sollten besser sein als der Durchschnitt, Ihre Fehlerquote geringer.
- Achten Sie darauf, dass Ihr Chef in der Zusammenarbeit mit Ihnen viel Verlässlichkeit erfährt.
- Sprechen Sie in Verhandlungen mit dem Chef geforderte Leistungen und zur Verfügung gestellte Ressourcen möglichst genau ab, um Missverständnissen vorzubeugen.
- Sollten Sie freie Kapazitäten haben, machen Sie Ihre Führungskraft darauf aufmerksam.
- Erkennen Sie die Leistungen des Chefs an.
- Arbeiten Sie gemeinsam mit Ihrem Chef an der Verbesserung der Führungsqualität, sofern der Chef die Bereitschaft dazu signalisiert.
- Sprechen Sie in Abwesenheit des Chefs nur gut über ihn.

- Nehmen Sie sofort Kontakt mit dem Chef auf, wenn eine Aufgabe aus dem Ruder läuft und machen Sie Vorschläge, wie Sie die Aufgabe wieder auf Kurs bekommen.
- Setzen Sie sich aktiv dafür ein, dass Ihr Chef seine Ziele erreichen kann.

Fördern Sie durch dieses Verhalten die Bereitschaft der eigenen Führungskraft, Sie zu entwickeln.

6.3 Die Rolle der Karrierementoren

Der Mentor in der griechischen Mythologie ist eine Figur aus Homers Odyssee, die den Sohn des Odysseus Telemachos berät. Ein Karrierementor ist demnach eine erfahrene Persönlichkeit, die als väterlicher Freund beratend zur Verfügung steht. Beispielsweise höhere Führungskräfte oder Leitende aus wichtigen Querschnittsbereichen (Personal) bieten sich als Zielgruppe an. Besonders wirkungsvoll kann der Karrierementor dann für Sie ein, wenn er

1. selbst einflussreich in der jeweiligen Organisation ist,
2. über ein eigenes Netzwerk verfügt und
3. er bereit ist, sich für Sie einzusetzen.

Viele Top-Führungskräfte sind gerne bereit, sich in der Nachwuchsförderung zu engagieren. In vielen größeren Unternehmen werden dazu die Potenzialträger in Gruppen zusammengefasst und gezielt gefördert. Die „Potentials" oder „High Potentials" genießen spezielle Fortbildungen und pflegen einen intensiven Austausch mit erfahrenen Führungskräften. Meist gibt es Regeln und Zulassungsvoraussetzungen, an deren Erfüllung Sie karriereorientiert arbeiten sollten, wenn Ihr Unternehmen eine entsprechende Nachwuchsförderung betreibt.

Unabhängig davon, wie Ihr Unternehmen seine Potenzialförderung organisiert, können Sie innerhalb der eigenen Unternehmung gezielt Führungskräfte ansprechen und sich einen kurzen Rat geben lassen. Anhand der Reaktion des Leitenden können Sie die Bereitschaft einschätzen, als Karrierementor tätig zu werden. Wichtig ist darauf zu achten, dass Sie die Bereitschaft nicht über Gebühr strapazieren. Außerdem sollten Sie der Führungskraft Feedback darüber geben, wie Sie die Anregungen umgesetzt haben und was Sie dadurch erreicht haben. Auch ein entsprechender Dank sollte selbstverständlich sein.

Karrierementoren lassen sich auch außerhalb der eigenen Organisation finden. Hier bieten sich ehemalige Kollegen oder Führungskräfte an, die sich in andere Unternehmen verändert haben. Vielleicht haben auch Schulkollegen oder Kommilitonen entsprechende Karrieren gemacht. Eine interessante Quelle für Karrierementoren bieten auch Kontakte auf Fortbildungen oder Kongressen. Teilnehmer oder Referenten besitzen selbst Kontakte, die nützlich sein können.

6.4 Im Team geht es leichter

Ein kollegiales Team ist ein wichtiger Stützpfeiler für die Karriere. Wer sich gegenseitig unterstützt, kann auf Leistungsreserven zurückgreifen, wenn es mal eng werden sollte, und bei anderen durch die eigene Hilfe Dankbarkeit erzeugen. Gemeinsam bewältigte Krisen machen stark und bringen dem Team wertvolle Erfahrungen, ähnlich einer Schiffsbesatzung, die einem schweren Sturm trotzt. Jeder erfüllt seine Aufgaben an seinem Platz und zusammen überwindet man Kräfte, die viel stärker sind als man selbst.

Das Team ermöglicht gemeinsames Lernen. Aus Fehlern, die ein Teammitglied gemacht hat, kann die ganze Gruppe lernen. Dadurch ist das Entwicklungstempo der Gruppe wesentlich höher, als wenn der Einzelne versucht, aus seinen Erfahrungen zu lernen.

Vielen Menschen fehlt heute bedauerlicherweise ein Reflexionspartner in der eigenen Organisation mit dem entsprechenden organisationskulturellen Hintergrund, und sie weichen deshalb auf externe Coaches aus. Zumal es innerhalb der Organisation am notwendigen Vertrauen fehlt. Pflegen Sie in den dafür geeigneten Bereichen den entwicklungsorientierten lernenden Austausch mit Kollegen und bringen Sie sich dadurch gegenseitig voran.

Außerdem kann ein Team geschickt als Multiplikator für Leistungen eingesetzt werden, wenn die Teammitglieder die guten Leistungen Einzelner oder des gesamten Teams in der Gegenwart Dritter zum Thema machen. Empfehlen Sie sich gegenseitig für einen Karrieresprung.

In diesem Abschnitt zum Team kommt das Wort „gegenseitig" nicht ohne Grund häufig vor. Der Entwicklungseffekt wird nur entstehen, wenn die Menschen füreinander einstehen. Getreu dem Grundsatz von Friedrich Wilhelm Raiffeisen: „Einer für alle, alle für einen." Sofern einzelne Teammitglieder versuchen einseitig ihre Vorteile zu maximieren und den Nutzen der anderen dabei vernachlässigen, wird das Team auseinanderfallen. Achten Sie deshalb darauf, dass der Nutzen der anderen Teammitglieder auch gegeben ist. Das ist der beste Nährboden für ein gesundes Wachstum der Verantwortungsbereiche.

Nutzen Sie alle vier vorstehend genannten Bereiche, um Ihren beruflichen Aufstieg zu beflügeln. Machen Sie Menschen in der Zusammenarbeit mit Ihnen erfolgreich, helfen Sie ihnen, ihre Ziele zu erreichen. Dann werden Sie auch viel Unterstützung erhalten, um Ihre Karriere aufzubauen.

7. Karriereentscheidende Situationen sicher bewältigen

Manche Situationen sind bezüglich der Karriere wichtiger als andere. Gerade in den ersten Wochen in einem neuen Unternehmen gilt es, sich einen Ruf aufzubauen beziehungsweise in der Bewerbungsphase erzeugte Erwartungen zu bestätigen.

Ihre Karriere wird auch davon beeinflusst werden, inwiefern es Ihnen gelingt, wichtige Aufgaben in Ihr Arbeitsfeld zu integrieren. Hierzu möchte ich Ihnen einige Empfehlungen für besonders karriereträchtige Aufgaben geben.

Ratgeber zu Gesprächsverhalten in Unternehmen gibt es in großer Zahl. Deshalb möchte ich mich hier auf vier Gesprächstypen beschränken, die unmittelbare Auswirkungen auf Ihre Karriere haben:

- Gehaltsverhandlungen
- Mitarbeitergespräch
- Kritikgespräch
- Bewerbungsgespräch

Wenn Sie das Gefühl haben, dass Ihr Arbeitsplatz unsicher geworden ist, sollten Sie unverzüglich Maßnahmen ergreifen, um die Situation zu verändern. Leider sind viele Menschen in dieser Situation eher schicksalsergeben. Die Unsicherheit des eigenen Arbeitsplatzes sollte stattdessen zielgerichtete Aktivitäten auslösen, um das Einkommen auf Dauer abzusichern.

Schließlich möchte ich noch die letzten beiden Wochen im Unternehmen behandeln. Was gilt es in dieser Situation zu tun, um sich möglichst karrieredienlich zu verhalten?

7.1 Die ersten beiden Monate im Unternehmen

Ziel ist in dieser Zeit in der neuen Funktion möglichst schnell arbeitsfähig zu werden. Dazu ist es erforderlich, sowohl mit den eigenen Führungskräften als auch mit den eigenen Mitarbeitern die gegenseitigen Erwartungen zu besprechen.

Sie sollten sich in Gesprächen mit Mitarbeitern und Vorgesetzten ein Bild davon machen, wo die Herausforderungen liegen, welchen Ruf die Stelle hat und wodurch er geprägt wurde. Außerdem lassen sich aus den Stärken und Schwächen eines eventuellen Vorgängers wichtige Informationen gewinnen.

Regelmäßige Besprechungen mit dem Chef sind ebenso wichtig wie die Suche nach potenziellen Karrierementoren. Wenn es keinen offiziellen Einarbeitungsplan gibt, strukturieren Sie Ihre Einarbeitung selbst und lassen sich das Procedere von Ihrer Führungskraft genehmigen. Scheuen Sie sich nicht, Fragen zu stellen. Die Kultur der Organisation ist neu für Sie, und je schneller Sie erfahren, warum etwas in einer bestimmten Art und Weise gemacht wird desto schneller können Sie entscheiden, was Sie würdigen und pflegen und was Sie Schritt für Schritt verändern.

Setzen Sie sich Ziele und teilen Sie den Status unaufgefordert mit. Bleiben Sie dadurch in Kontakt mit Ihren Leitenden. Achten Sie darauf, dass Sie auch schon in der Anfangsphase Erfolge oder Teilerfolge mitteilen können.

Pflegen Sie eine wertschätzende und positive Sprache. Erkennen Sie die Leistungen der Menschen an, ohne sich eine rosarote Brille aufzusetzen. Wertschätzen Sie, was gut läuft, und sammeln Sie die Verbesserungsmöglichkeiten.

Lernen Sie Menschen kennen, Führungskräfte, Kollegen und Mitarbeiter. Knüpfen Sie erste Maschen des internen Netzwerkes. Die Kantine ist oft ein beliebter Treffpunkt, um sich beruflich und privat kennen zu lernen. Nutzen Sie dieses Forum in der Anfangsphase intensiv, bis man Sie kennt. Nehmen Sie teil an Aktivitäten am Feierabend. Hier werden mitunter wesentliche Entscheidungen getroffen, die sonst an Ihnen vorbeigehen. Diese außerdienstlichen Aktivitäten prägen wesentlich die Kultur des Unternehmens.

Sollten Sie als Führungskraft die neue Position antreten, kommunizieren Sie Ihre Führungsmethode und -grundsätze an die Mitarbeiter. Stimmen Sie diese mit den Gepflogenheiten im Unternehmen ab. Verzichten Sie auf widersprüchliches Verhalten. Sollten Sie Teile der Führungskultur verändern wollen, ist es für alle Beteiligten einfacher, wenn man einige Zeit mit Ihnen gute Erfahrungen gesammelt hat.

7.2 Sein eigener Personalentwickler sein

Nehmen Sie Ihre Personalentwicklung in die eigenen Hände. Wer beispielsweise als einer von insgesamt fünfzig Mitarbeitern im Callcenter eine ständig wiederkehrende gleichförmige Arbeit macht, hat wenige Möglichkeiten, sich aus dieser Kernaufgabe heraus für besser qualifizierte Aufgaben zu empfehlen. Vielleicht gelingt es diesem Mitarbeiter jedoch, sich durch zusätzliche Aufgaben von den anderen neunundvierzig Kollegen abzuheben. Bewältigt er diese Extraaufgabe, ist er den ersten Schritt gegangen, um seinen beruflichen Aufstieg einzuleiten. Einen

Katalog an beruflichen Aktivitäten, die sehr gut als Karrieresprungbretter geeignet sind, habe ich Ihnen im Folgenden zusammengestellt.

Werfen Sie Ihren Hut in den Ring

Oft unterschätzen die Führungskräfte das Potenzial ihrer Mitarbeiter. Mitarbeiter können oft viel mehr, als durch die tägliche Arbeit abgerufen wird. Wenn der Mitarbeiter seine Kernaufgaben dann auch noch souverän bewältigt, ist der intensive Kontakt zur Führungskraft nicht notwendig. Aus Zeitmangel werden die Gespräche seltener und versiegen dann ganz.

Karriere setzt den Kontakt zum Entscheider voraus. Signalisieren Sie deshalb in diesen Fällen der eigenen Führungskraft deutlich, dass Sie mehr können und auch bereit sind, mehr zu leisten. Um den Hut in den Ring zu werfen, bieten sich zwei Strategien an:

1. Lassen Sie sich dafür einen Gesprächstermin geben oder nutzen Sie das Mitarbeitergespräch, wenn dieses Instrument bei Ihrem Unternehmen gepflegt wird. Bereiten Sie dieses Gespräch vor, indem Sie Ihre Leistungen dokumentieren und Ihre Fähigkeiten auflisten. Zeigen Sie, welche Ihrer Fähigkeiten zusätzlich eingebracht werden können und an welcher Stelle Sie dadurch zusätzlichen Mehrwert schaffen könnten.

2. Sie nutzen mehrere zufällige Kontakte, um Ihr Anliegen quasi scheibchenweise ins Bewusstsein der Führungskraft zu bringen. Sprechen Sie im ersten Kontakt von Ihren Leistungen für das Unternehmen. Im nächsten Kontakt sagen Sie ein paar Sätze zu den noch brachliegenden Fähigkeiten. Darauf folgen einige Zeit später ein paar kurze Anmerkungen zu den möglichen Einsatzfeldern, die sich daraus ergeben. Bieten Sie Ihrer Führungskraft ein Gespräch zu diesem Thema an.

Bilden Sie sich tätigkeitsbezogen fort

Zu Beginn der Überlegungen zur Karrierekommunikation habe ich dem Fachwissen bereits eine Lanze gebrochen. Ein solides fachliches Fundament ist die Voraussetzung für jede Karriere.

Entscheidend für die Karriere ist neben dem vorhandenen Wissen auch die Einstellung zur Weiterbildung. Ein Mitarbeiter, der widerwillig von seiner Führungskraft zu einem Tagesseminar angemeldet werden muss, ist meist nicht im Begriff, die Karriereleiter zu erklimmen.

Am besten lassen Sie den Lernprozess von Schule oder Studium gar nicht erst zum Erliegen kommen. Gerade durch nebenberufliche abschlussorientierte Fortbildungen weisen Sie hohe Belastbarkeit und berufliches Engagement nach. Dabei sollten Sie darauf achten, dass die fachliche Entwicklung immer auch einen Bezug zu Ihrer gegenwärtigen Tätigkeit hat. Sie sollten Ihr Tagesgeschäft dadurch besser bewältigen können und leichter Mehrwert für das Unternehmen generieren.

Besprechen Sie die Fortbildungsaktivitäten mit Ihrer direkten Führungskraft und gehen Sie davon aus, dass Sie die Kosten dafür selber tragen. Vielleicht können Sie vereinbaren, dass der Betrieb einen Teil der Kosten übernimmt, wenn Sie beispielsweise mit der Note „gut" oder besser abschließen.

Neben diesen grundsätzlichen Empfehlungen haben sich manche Aufgaben als besonders karrierewirksam erwiesen. Fischen Sie Ihren Wirkungsbereich im Unternehmen nach diesen Aufgaben ab. Wählen Sie die Maschen im Netz so, dass die für Sie passenden Aufgaben im Netz bleiben, die Sie ins Trockene bringen können.

Querschnittsaufgaben anstreben

Es gibt nichts Besseres, um das innerbetriebliche Netzwerk zu stärken, als die Zusammenarbeit mit Kollegen aus unterschiedlichen Bereichen.

Sie lernen Menschen kennen und pflegen damit den kleinen Dienstweg. Wer neben seiner Linienfunktion auch beispielsweise in Projekten arbeitet oder diese sogar leitet, sammelt vielschichtige Erfahrungen mit unterschiedlichen Personen aus verschiedenen Fachbereichen. Das bringt Wissen und Kontakte, die sich nutzen lassen. Kaum eine Funktion ist unter diesem Gesichtspunkt so karriereträchtig wie die des Projektleiters. Um dies zu verdeutlichen, lassen Sie uns einen kurzen Exkurs in die Projektorganisation machen.

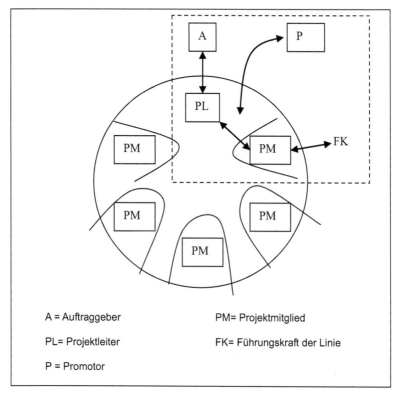

Abbildung 18: *Projektorganisation*

Der Projektleiter hat zunächst Kontakt mit dem Auftraggeber des Projektes. Von ihm bekommt er den Auftrag, das Projekt zu gründen. Daraufhin stellt der Projektleiter sein Team zusammen, indem er Einzelgespräche mit den potenziellen Projektmitgliedern führt. Gegenstand dieser Zielvereinbarungsgespräche ist, ob der Mitarbeiter im erforderlichen Zeitkorridor die gewünschten Leistungen erbringen kann.

Oft kommt es zu Störungen des reibungslosen Projektablaufes, weil Linienführungskräfte die Projektmitglieder so stark beanspruchen, dass der Projektbeitrag leidet. Deshalb sollte der Projektleiter auch das Gespräch mit den Führungskräften der Linie suchen und die Ressourcen des Projektmitarbeiters verbindlich sichern.

Mitunter wird auch noch ein so genannter Promotor eingebunden. Der Promotor ist eine Top-Führungskraft, die an der ersten Projektsitzung teilnimmt und in einem Kurzreferat die Bedeutung des Projektes hervorhebt. Ziel ist es, dadurch die Arbeitsfähigkeit innerhalb des Projektteams zu steigern.

Sie sehen, wie vorstehend beschrieben bringt die Rolle des Projektleiters viele Kontakte zu unterschiedlichen Funktionsbereichen und Hierarchieebenen. Wer aus dieser Rolle heraus seine Leistungen geschickt kommuniziert, hat ein lohnendes Forum, um auf sich aufmerksam zu machen.

Führungsaufgaben wirken als Karrierehebel

Führungsaufgaben sind ein guter Karrierehebel für alle, die es verstehen zu führen. Denn die Aufgabe der Führungskraft ist es, ihre Mannschaft zum Erfolg zu führen. Verstehen Sie es als Führungskraft, Ihre Mitarbeiter zur Leistungssteigerung zu bewegen, wird sich Ihre Karriere durch die Leistung anderer entwickeln.

Durch die Rolle der Führungskraft haben Sie einen großen Vorteil: Sie können delegieren. Zu Ihren Aufgaben gehört es, Menschen mit Arbeitsaufträgen zu betrauen, die sie besser werden lassen und voranbringen. Gleichzeitig können Sie sich von Aufgaben entlasten, die nicht Ihren Entwicklungszielen dienen. Wenn Delegation primär als Entwicklungsinstrument verstanden wird und erst sekundär als Entlastungsmöglichkeit, wird sie zu einem karriereförderlichen Werkzeug. Als Führungskraft befördern Sie die Karriere anderer. Richtig eingesetzt besitzen Sie dadurch ein wirksames Instrument, um Leistung zu fördern und Dankbarkeit zu erzeugen.

> Wer Menschen erfolgreich macht, wird selbst Erfolg haben.

Ich wünsche Ihnen von Herzen auch die Fähigkeit, gute Mitarbeiter an sich vorbei zu fördern.

Nehmen Sie einen Lehrauftrag an

Wer lehrt, lernt am meisten. Durch die Lehre bilden Sie die eigenen sozialen Fähigkeiten aus. Präsentationsfähigkeiten werden trainiert und Sie pflegen den Umgang mit Gruppen.

Gute Kontakte zur Hochschule dienen dazu, sich die aktuelle wissenschaftliche Diskussion zu erschließen und sich Zugang auf deren Expertise zu verschaffen. Wer den richtigen Berater kennt, hat das Problem schon halb gelöst.

Sollten Sie parallel dazu ein guter Rhetoriker sein, können Sie Vorträge und Seminare halten und damit ein breites Publikum erreichen. Dazu gibt es vereinzelte Angebote an nebenberuflichen Trainerausbildungen. Mehrere karrierefördernde Vorteile können Sie dadurch gemeinsam realisieren:

- ▶ Sie steigern Ihre sozialen und methodischen Fähigkeiten,
- ▶ Sie lernen viele Menschen kennen, die beruflich interessant werden können,

▶ Sie verringern die Abhängigkeit von den hauptberuflichen Aufgaben und bauen sich ein nebenberufliches Standbein auf.

Kontakte zu Lernenden beziehungsweise Studierenden sind ebenfalls besonders wichtig, um die junge Generation für das eigene Unternehmen zu interessieren. Auch, wenn die Personalbeschaffung nicht zu Ihrem Verantwortungsbereich gehört, ist die Rekrutierung junger Experten ihres Fachs doch auch für Sie eine Möglichkeit, sich den potenziellen Mitarbeiter und den Personalbereich zu verpflichten.

Verbandsarbeit schafft außerbetriebliche Verbindungen

Vielfach wird die Bedeutung des Netzwerkes außerhalb des Unternehmens unterschätzt. Gute Beziehungen zu Kunden und Lieferanten werden von vielen Menschen als unmittelbar nützlich eingeschätzt und deshalb auch gepflegt. Das ist auch richtig, denn die Kontakte zu beiden Bezugsgruppen sind lebenswichtig für die Leistungserstellung des Unternehmens.

Andere Kontakte werden häufig vernachlässigt, gerade auch dann, wenn sie nur zeitverzögert und mittelbaren Nutzen spenden. Für das Engagement in Verbänden und Kammern nehmen sich nur die wenigsten Zeit.

Gerade weil diese Kontakte außerhalb des eigenen Unternehmens liegen, haben sie eine andere Qualität. Vielen Menschen, die zu mir ins Coaching kommen, fehlt ein außerbetrieblicher Gesprächspartner zwecks Reflexion betrieblicher Situationen.

Der unternehmens- bzw. branchenübergreifende Blickwinkel hilft bei der strategischen Ausrichtung der eigenen Karriere. Sie sind oft besser und früher informiert. Trends, die auf Ihre Branche und Ihr Unternehmen wirken, können Sie dadurch schneller erkennen und sich frühzeitig darauf einstellen.

Kurzfristig betrachtet können Sie durch eine Überstunde sicherer Mehrwert schaffen, als mit einer Verbandssitzung zum Thema „Motivieren – Delegieren – Kritisieren". Aus einer langfristigen Perspektive beleuchtet helfen die Informationen, um seine eigenen Karrierechancen zu verbessern.

Öffentlichkeitsarbeit in eigener Sache

Ein altes Sprichwort lautet: Wer schreibt, der bleibt. Wer Einfluss auf die öffentliche Meinungsbildung hat, verfügt über einen starken Hebel, der karrierewirksam eingesetzt werden muss. Verfassen Sie Artikel, die Sie unter Ihrem Namen veröffentlichen. Hiermit bearbeiten Sie mehrere wichtige Ziele auf einen Streich.

Als Erstes erreichen Sie eine breite Leserschaft, die auf Sie aufmerksam wird. Sie bauen sich einen Ruf als Experte auf. Ich bin selbst oft erstaunt, wie breit gestreut die Leserschaft vieler Artikel ist und mit welcher Zeitverzögerung Menschen darauf reagieren.

Als Zweites ist zu nennen, dass Sie durch das Verfassen von Texten tiefer in das Thema eindringen und selbst zu einem umfassenderen Verständnis der Thematik gelangen. Schreiben ist ein intensiver Lernprozess für den Autor.

Drittens kann nicht hoch genug eingeschätzt werden, dass Sie während des Schreibens permanent um eine verständliche, gut gegliederte Darstellung für die Zielgruppe ringen. Dadurch trainieren Sie intensiv die Fähigkeit, sich in das Gegenüber hineinzuversetzen und einen Gegenstand mit seinen Augen zu betrachten. Ständig prüfen Sie den Text auf Folgendes:

▶ Ist der Aufbau für die Zielgruppe verständlich?
▶ Entspricht die Gedankenführung des Textes dem Informationsbedürfnis der Zielgruppe?

- ▶ Spreche ich die Bedürfnisse der Leserschaft an?
- ▶ Löse ich die Probleme, die sich dem Leser in der Praxis stellen?
- ▶ Beantworte ich die Fragen der Leserschaft?

Ein besseres Training für die effektive Vorbereitung von Gesprächen und Verhandlungen in der Berufswelt kann ich mir kaum vorstellen.

Außerdem sind die Vertreter der schreibenden Zunft auch interessante Netzwerkpartner, die von Berufs wegen selbst über ein gutes Netzwerk verfügen. Journalisten sind wirklich Menschen, die Gott und die Welt kennen.

Sollten Sie unter Expertenanleitung die ersten schriftstellerischen Versuche starten wollen, können Sie bei vielen Bildungsträgern entsprechende Workshops oder Schreibwerkstätten besuchen. Viele Unternehmen und Verwaltungen verfügen über eine Mitarbeiterzeitung. Auch das ist ein sehr gutes Trainingsfeld. Als nächsten Schritt entwickeln Sie sich beispielsweise weiter mit dem Schreiben von Fachartikeln aus Ihrem Bereich. Gut strukturierte und verständliche Fachartikel dienen dazu, sich einen Ruf als Experte aufzubauen.

Manche namhafte Autoren haben mit kleineren Fachartikeln angefangen und schreiben heute Bücher zu umfangreicheren Themen. Die Anzahl der Veröffentlichungen schafft Kompetenzvermutung, und das nicht nur bei Professoren.

Gerade im Sommerloch sind viele Journalisten froh, Material auch von unbekannten Autoren zu bekommen, um ihre Publikationen mit interessanten Beiträgen zu bereichern. Themen, die das Arbeitsleben betreffen, erfreuen sich bei den Lesern großer Beliebtheit und sind deshalb auch bei der schreibenden Zunft sehr willkommen.

Vielleicht wird Ihr Arbeitgeber dann auch auf Ihre Fähigkeiten aufmerksam und bindet Sie in entsprechende Aufgaben ein. Machen Sie von sich aus darauf aufmerksam, dass Ihr Kerngeschäft nicht darunter leiden darf.

Eventuell können Sie sich diese interessante Zusatzaufgabe mit entsprechender Zeitressource offiziell übertragen lassen.

Bei allen zusätzlichen Aufgaben, die sich anbieten, um die eigene Karriere zu forcieren, ist es wichtig, die richtigen Prioritäten zu setzen. Diese Zusatzaufgaben ergänzen Ihre Kernaufgaben. Erst wenn diese Kernaufgaben laufen oder delegiert worden sind, bilden sich Freiräume, die karrieredienlich genutzt werden können.

7.3 Empfehlungen zum karriereorientierten Gesprächsverhalten

Der berufliche Alltag besteht zu wesentlichen Teilen aus Kommunikation: Wir teilen uns mit über unterschiedliche Medien und in unterschiedlichen Situationen. Das betriebliche Umfeld beurteilt uns aufgrund der mit uns gemachten kommunikativen Erfahrungen. Die karriereorientierte Wirkung in beruflicher Kommunikation steigern Sie dadurch, dass Sie

- ▶ zu Fehlern stehen, daraus lernen und zukünftig die Qualität Ihrer Arbeit verbessern;
- ▶ die Bereitschaft zeigen, mehr zu leisten und mehr Verantwortung zu übernehmen;
- ▶ innerhalb von gesetzten oder vereinbarten Zielen überdurchschnittliche Leistungen bringen und eigenverantwortlich arbeiten;
- ▶ auf Ihre Leistungen in angemessener Form aktiv aufmerksam machen;
- ▶ sich überzeugen lassen, wenn es gute Gründe dafür gibt;
- ▶ hilfsbereit sind und dadurch Kollegen, Vorgesetzte und Kunden verpflichten und Dankbarkeit erzeugen;
- ▶ Menschen für sich, Ihre Leistungen, Ideen und Projekte gewinnen;
- ▶ den Mehrwert, den Sie im Unternehmen verursachen, durch eine Veränderung Ihres Aufgabenprofils steigern.

▶ Ihre Leistungen in angemessener Form honorieren lassen.

Im Folgenden möchte ich Empfehlungen für die Gespräche geben, die in besonderem Maße Einfluss nehmen auf Ihre berufliche Entwicklung.

Die Gehaltsverhandlung

Die Verhandlung des Gehaltes ist ein heikles Thema, denn Sie nehmen mit Ihrer Forderung direkt Einfluss auf den Mehrwert, den Sie für das Unternehmen schaffen. Steigen die Kosten für den Arbeitgeber, müssen entsprechende Leistungen gegenüberstehen, andernfalls wird die Erhöhung abgelehnt, und es bleibt ein fader Nachgeschmack.

Eine erfolgreiche Gehaltsverhandlung beginnt mit der gewissenhaften Vorbereitung. Den Grundstein für die Verhandlung des Gehalts stellt eine aussagekräftige Leistungsdokumentation dar, die Sie über einen Zeitraum von zum Beispiel einem Jahr anfertigen. Diese Dokumentation kann folgende fünf Elemente beinhalten:

▶ Ihre Arbeitsplatzbeschreibung
▶ eine detaillierte Aufstellung über die geleistete Mehrarbeit
▶ einen Nachweis über den von Ihnen geschaffenen Mehrwert im Unternehmen
▶ geplante Entwicklung und Ziele
▶ Anerkennungen von Kunden, Kollegen und Führungskräften

Am Anfang der Leistungsdokumentation sollte die Arbeitsplatzbeschreibung stehen. Mitunter sind Führungskräfte nicht exakt über Ihren Aufgabenbereich informiert, denn es können sich wichtige Veränderungen ergeben haben, die der Führungskraft nicht präsent sind. Liefern Sie diese Fakten, denn sie stellen neben der Qualität Ihrer Arbeit ein wichtiges Element für die Berechnung Ihres Gehaltes dar.

Häufig bringen Mitarbeiter einen höheren zeitlichen Einsatz, als im Arbeitsvertrag vereinbart. Treten Sie in Vorleistung, und schreiben Sie die

Mehrarbeit auf. Machen Sie Ihre Führungskraft einmal darauf aufmerksam, dass Mehrarbeit erforderlich ist, ohne nörgelig oder missmutig zu sein. Verzichten Sie dann darauf, den Zustand ständig zu thematisieren. Legen Sie stattdessen Ihrer Leistungsdokumentation eine detaillierte Aufstellung über die Mehrarbeit des vergangenen Jahres bei. Mit dieser Strategie unterstützt die geleistete Mehrarbeit die Forderung nach mehr Gehalt.

Erstes Kernstück jeder Leistungsdokumentation ist der Nachweis über den geschaffenen Mehrwert im Unternehmen. Kurze und klar strukturierte Statistiken überzeugen den Verhandlungspartner mehr als vage Appelle in der Form: „Chef, können Sie sich vielleicht nicht doch noch daran erinnern, dass ...?" Treten Sie Beweise für Ihre Leistungen an. Einem Leistungsträger wird sein Chef eine Gehaltsanpassung gewähren. Denn sein Vorgesetzter ist auch daran interessiert, dass er weiterhin bei einem guten Verhältnis von Aufwand und Ertrag dem Unternehmen zur Verfügung steht.

Ein zweites Kernstück Ihrer Leistungsdokumentation bilden Ihre geplante Entwicklung und Ziele. Welche zusätzlichen Fähigkeiten werden Sie sich aneignen? In welchen Bereichen möchten Sie mehr Verantwortung übernehmen? Welche Ideen haben Sie und wie viel Mehrwert lässt sich dadurch erzielen? Stellen Sie Ihre Entwicklungsziele zusammen. Orientieren Sie sich dabei an den Anforderungen Ihrer Stelle und an möglichen Engpassbereichen des Unternehmens.

Sammeln Sie außerdem für die Gehaltsverhandlung Anerkennungen Ihrer Arbeit. Besonders wirkungsvoll sind wertschätzende Briefe oder E-Mails von wichtigen Kunden. Zusätzlich können Sie Lob von Kollegen und Vorgesetzten einfließen lassen. Durch die anerkennenden Aussagen Ihrer Kollegen stellen Sie sich als gutes Teammitglied dar.

Im Zusammenhang mit Gehaltsgesprächen werden häufig folgende Fragen gestellt, die ich gerne für Sie beantworte:

Frage: „Welchen Zeitpunkt wähle ich am besten für ein Gehaltsgespräch mit meiner Führungskraft?"

Antwort: Achten Sie bei der Wahl des Verhandlungstermins mit Ihrem Chef auf einen günstigen Zeitpunkt. In vielen Unternehmen gibt es jährliche Mitarbeitergespräche, deren Bestandteil eine Gehaltsverhandlung ist. Frei verhandelbare Gehaltsbestandteile werden vom Grad der Zielerreichung des Mitarbeiters abhängig gemacht. Oft haben Führungskräfte ein bestimmtes Personalbudget für ihr Team zur Verfügung. Lassen Sie sich deshalb einen frühen Termin geben, denn oft ist das Budget für Gehaltserhöhungen am Anfang der Gesprächsrunde noch üppiger als am Ende.

Sollte es bei Ihrem Arbeitgeber keine derartigen standardisierten Gehaltsgespräche geben, ist ein günstiger Zeitpunkt meist vor dem Ende des Geschäftsjahres. Ihr Chef hat dann bereits einen guten Überblick über den Erfolg des alten Jahres, und seine Planungen für das nächste Geschäftsjahr sind meist erstellt.

Außerdem sollten Sie einen bemerkenswerten Erfolg terminlich so kommunizieren, dass er kurz vor dem Gehaltsgespräch bekannt wird. Damit erleichtern Sie es der Führungskraft sehr, sich für Ihre Gehaltserhöhung einzusetzen.

Gerade in wirtschaftlich schwierigen Zeiten halten sich viele Mitarbeiter mit Gehaltsverhandlungen zurück. Grundsätzlich ist es richtig, die wirtschaftliche Situation des Unternehmens angemessen zu berücksichtigen. Sollten Sie auf eine zusätzliche Gehaltsforderung verzichten, können Sie trotzdem Ihre Leistungsdokumentation erstellen und mit Ihrer Führungskraft besprechen. Damit stellen Sie die Weichen für die Zeiten des wirtschaftlichen Aufschwunges.

Frage: „Soll ich das Gespräch gegenüber meinem Chef als Gehaltsgespräch bezeichnen?"

Antwort: Es ist diplomatischer, um einen Gesprächstermin zu bitten, der Ihre Leistungen, Ihren Mehrwert und die Entwicklungsmöglichkeiten im Unternehmen zum Gegenstand hat. Bleiben Sie während des Gespräches dann auch diplomatisch, denn wenn Sie jetzt mit der Tür ins Haus fallen und im ersten Satz direkt von einer Gehaltserhöhung sprechen, wirken Sie unglaubwürdig.

Frage: „Welche Frist zur Vorbereitung ist angemessen?"

Antwort: Damit sich Ihr Chef entsprechend vorbereiten kann, ist eine Frist von ein bis zwei Wochen ausreichend. Bitte terminieren Sie in jedem Fall persönlich und gemeinsam mit Ihrem Chef, sodass beide Parteien die Möglichkeit haben, die Frist angemessen zu vereinbaren.

Frage: „Wer eröffnet das Gespräch?"

Antwort: Sie haben um den Gesprächstermin gebeten. Deshalb übernehmen Sie auch nach dem Begrüßungsritual die Initiative. Zum Beispiel könnten Sie folgendermaßen beginnen: „Guten Tag Herr Leitner, herzlichen Dank, dass Sie sich Zeit für mich nehmen. Ich habe Sie um dieses Gespräch gebeten. Der Grund hierfür liegt darin, dass ich gerne mit Ihnen besprechen möchte, wie ich mich auf meiner Stelle und in diesem Unternehmen entwickeln kann. Beispielsweise betrifft dies einerseits mein fachliches Weiterkommen und die Übernahme von mehr Verantwortung und andererseits meine Gehaltsentwicklung. Wie stehen Sie dazu?" Machen Sie sich Notizen zu den Antworten Ihres Vorgesetzten.

Frage: „Wie kann das Gespräch dann weitergeführt werden?"

Antwort: Danken Sie nach der Eröffnung Ihrem Chef für die gute Zusammenarbeit.

Heben Sie zunächst hervor, dass Sie gerne in diesem Unternehmen arbeiten, Sie sich im Kollegenkreis wohl fühlen und Ihre Herausforderungen schätzen. Sie haben das Gefühl, dass Ihre Leistungen und Ihr verbindlicher Stil einen wertvollen Beitrag für das Unternehmen leisten.

Empfehlungen zum karriereorientierten Gesprächsverhalten

Geben Sie dann einen kurzen Rückblick auf das zurückliegende Jahr. Wichtig: Schildern Sie in kurzen Worten Ihre Erfolge. Verweilen Sie jedoch nicht zu lange bei der Vergangenheit, eine ausführliche Dokumentation Ihrer Leistungen und Erfolge liegt dem Chef bereits vor. Sie erhalten eine Gehaltserhöhung nicht für zurückliegende Leistungen, sondern für den Mehrwert, den Sie in der Zukunft im Unternehmen schaffen werden, beispielsweise durch die Übernahme von mehr Verantwortung oder neuen Aufgaben.

Frage: „Wie viel Prozent Gehaltserhöhung sind realistisch?"

Antwort: Ist Ihr Aufgabenbereich während des Jahres unverändert geblieben, sollte das Gehalt unter Berücksichtigung von Inflationsrate und Tariferhöhung angepasst werden. Haben sich Ihre Aufgaben qualitativ verändert, sollte dies zusätzlich in die Berechnung einfließen. Meist geht es dann um Größenordnungen von drei bis fünf Prozent. Bis zu zehn Prozent sind nur verhandelbar, wenn sich der Verantwortungsbereich deutlich vergrößert hat. Nennen Sie Ihren Gehaltswunsch in argumentativer Form (vergleiche Kapitel 5.2).

Frage: „Wie bereite ich am besten eine Gehaltsverhandlung vor?"

Antwort: Die beste Vorbereitung auf die Verhandlung sind überdurchschnittliche Leistungen, umfangreiche Engpassfähigkeiten, ein gepflegtes Netzwerk und ein sympathisches und zielstrebiges Auftreten.

Darüber hinaus fließt einige Zeit in die Leistungsdokumentation. Gute Erfahrungen habe ich mit wöchentlichen Berichten gesammelt, die in eine monatliche Zusammenfassung einfließen. Die eigentliche Leistungsdokumentation gibt dann die wesentlichen Ergebnisse der monatlichen Übersichten wieder.

Zusätzlich sollten Sie Vorbereitungszeit in die argumentative Vorbereitung investieren. Versetzen Sie sich in die Lage Ihres Chefs und finden Sie aus seiner Sicht Argumente, mit denen er die Gehaltserhöhung ablehnen oder verringern könnte. Bereiten Sie sich auf diese Gegenargumente des Chefs mit Ihrer Einwandkartei vor (vergleiche Kapitel 5.6).

Halten Sie das Gesprächsergebnis gemeinsam schriftlich fest, damit es zu keinen Missverständnissen kommt.

Das Mitarbeitergespräch

Mitarbeitergespräche sind ein wertvolles Instrument der Personalführung. Gegenstand des Gespräches sind vier Themenfelder, die der Mitarbeiter mit seiner direkten Führungskraft im Einzelgespräch bespricht:

- **Arbeit und Aufgaben des Mitarbeiters**
  Hier können Sie den beruflichen Alltag zum Thema machen und konkrete Arbeiten durchsprechen. Zum Beispiel kann es gehen um Arbeitsauslastung und -verteilung, Steigerung der Motivation sowie Gründe für Demotivation, Verbesserungsvorschläge, Verständnis für Arbeitsabläufe oder die Zunahme ungeliebter Aufgaben.
- **Arbeitsumfeld und Rahmenbedingungen**
  Themen, die Sie hier ansprechen können, sind: Sachmittelausstattung, Personalressourcen und -verteilung, Räumlichkeiten.
- **Zusammenarbeit mit der Führungskraft**
  Fragen der Führung und der Delegation können in diesem Gesprächsteil angesprochen werden. Außerdem können zum Beispiel der Umgang mit Kritik und Anerkennung, das Verhalten in Stresssituationen, die Beteiligung an Entscheidungsprozessen, die Übertragung von Verantwortung und die Verantwortungsbereitschaft zum Thema werden.
- **Entwicklung des Mitarbeiters im Unternehmen**
  Entwickeln Sie eine Perspektive für die nächsten drei bis fünf Jahre. Was wollen Sie erreichen? Welche Pläne hat Ihr Vorgesetzter und wie wollen Sie sich darauf vorbereiten? Entwickeln Sie gemeinsam mit Ihrem Chef eine Vorstellung von Ihrer Zukunft im Unternehmen. Empfehlen Sie sich für mehr Verantwortung.

Um Ihre berufliche Entwicklung mit diesem Instrument zu fördern, sollten Sie in den ersten drei Bereichen den Ist-Zustand weitgehend positiv beschreiben. Verpacken Sie kritische Sachverhalte in Anregungen oder Wünsche, ohne dem Gespräch an dieser Stelle zu viel Nachdruck zu verleihen. Der vierte Bereich dient dazu, die gegenseitigen Vorstellungen über Ihre Zukunft im Unternehmen kennenzulernen und anzunähern.

Gerade für den vierten Bereich sollten Sie genügend Zeit einplanen. Sollte dieser Gesprächsteil unter Zeitdruck schnell abgehandelt werden müssen, kommen viele karriereentscheidende Fakten nicht ausreichend zur Sprache.

Das Kritikgespräch

Ein Kritikgespräch findet immer dann statt, wenn eine Leistung oder ein Verhalten nicht die vereinbarte Qualität hat. In der Rolle des Kritisierenden kommt es in diesem Gespräch darauf an, das Gespräch themenorientiert zu führen und beim Kritisierten eine Verhaltensänderung zu bewirken.

Erleben Sie das Gespräch in der Rolle des Kritisierten, bringen Sie in Erfahrung, was genau an Ihrem Verhalten Anlass zur Kritik gibt. Ist der Kritikpunkt berechtigt, geben Sie das Fehlverhalten zu und beschreiben Sie Ihr zukünftiges Verhalten mit sicheren Worten, zum Beispiel: „Gut, Herr Mayer, ist werde XY tun, damit die Angelegenheit der geforderten Qualität entspricht." Sollte der Kritikpunkt Ihres Erachtens unberechtigt sein, hinterfragen Sie den Anlass für das Gespräch oder argumentieren Sie für Ihr Verhalten. Widersprüche und Missverständnisse werden dadurch offenbar und können besprochen werden.

Bleiben Sie auch bei unberechtigter Kritik souverän in Ihrer Rolle. Stellen Sie Ihre Meinung sachlich und ruhig dar. In dieser Situation wird die Professionalität Ihrer Gesprächsführung auf die Probe gestellt. Bleiben Sie ruhig, dann wirken Sie belastbar und konfliktfähig.

Bewerbungsgespräch

Im Bewerbungsgespräch sind Sie ein Gast Ihres potenziellen Arbeitgebers. Verhalten Sie sich wie ein guter Gast und Sie werden viele Erwartungen Ihres Gegenübers erfüllen. Bereiten Sie sich auf Ihren Besuch gut vor, zeigen Sie Manieren, seien Sie verbindlich, sympathisch und beteiligen Sie sich am Smalltalk. Ich möchte Ihnen im Folgenden einige wertvolle Tipps zum Bewerbungsgespräch geben:

Vor dem Bewerbungsgespräch

Erarbeiten Sie sich eine klare Präsentation Ihres beruflichen Profils und der Stärken, die Sie auszeichnen. Sprechen Sie in der Vorbereitung laut über Ihre Stärken. Dadurch gewöhnen Sie sich daran, positiv über sich zu sprechen. Außerdem merken Sie, an welchen Punkten Sie stocken und welche Formulierungen wenig überzeugend oder widersprüchlich sind.

Identifizieren Sie Ihre vermeintlichen Schwächen. Welche positiven Eigenschaften konnten Sie aufgrund dieser Schwächen ausbilden? Oft sind diese Stärken selten oder gar einzigartig in der Kombination. Sie verleihen Ihnen ein unverwechselbares berufliches Profil und Charakter.

Sie sollten sich in der Vorbereitung in die Lage des Gesprächspartners versetzen: Er sucht einen neuen Mitarbeiter mit speziellen Kenntnissen, Eigenschaften und Erfahrungen. Das Gespräch dient ihm dazu, den Eindruck aus den Bewerbungsunterlagen zu überprüfen und Sicherheit in der Einschätzung über Sie zu bekommen.

Arbeiten Sie mit der Einwandkartei, um sich auf mögliche Fragen des potenziellen Arbeitgebers vorzubereiten (vergleiche Kapitel 5.6). Bereiten Sie sich auf die Fragen zu Ihren sozialen Fähigkeiten besonders gewissenhaft vor, denn Ihre in den Bewerbungsunterlagen dargestellten Qualifikationen erfüllen bereits die Anforderungen des Arbeitgebers. Andernfalls wären Sie nicht eingeladen worden.

Wichtig: Kalkulieren Sie genug Zeit für eine entspannte Anreise ein. Ein durchgeschwitztes Hemd ist keine gute Voraussetzung für die Bewerbungssituation.

Wählen Sie für das Einstellungsgespräch die Kleidung, die zu Beruf und Branche passt. Sollten Sie bei der Kleidungsfrage unsicher sein, hilft ein Blick auf den Internetauftritt des Unternehmens. Im Zweifel kleiden Sie sich konservativ.

Trainieren Sie das Bewerbungsgespräch in Rollenspielen. Nehmen Sie sich eventuell sogar mit Videotechnik dabei auf und feilen Sie an Ihrer Selbstpräsentation.

Während des Bewerbungsgespräches

Lassen sie sich vom potenziellen Arbeitgeber durch das Gespräch führen. Sie sind eingeladen und Gast. Die Verantwortung für das Gelingen der Gesprächsführung liegt hauptsächlich bei Ihrem Gesprächspartner als Gastgeber.

Trauen Sie sich, engagiert aufzutreten. Seien Sie fröhlich und motiviert. Dynamische Menschen haben viel bessere Chancen am Arbeitsmarkt als demotivierte oder trübsinnige.

Der Verlauf eines Bewerbungsgespräches weist häufig folgende Struktur auf:

Einleitungsphase: Gegenseitige Begrüßung, einige Sätze Smalltalk

Kurze Vorstellung des Unternehmens: Um dem Bewerber den Einstieg in das Gespräch zu erleichtern, spricht zunächst Ihr Gesprächspartner über das Unternehmen und die zu besetzende Stelle.

Kurze Selbstpräsentation des Bewerbers: Zunächst kann der Bewerber mit einer kurzen Darstellung seines Lebenslaufes beginnen. Dieses Element ist sehr häufig. Deshalb sollten Sie es in der Vorbereitung trainieren.

Interviewphase: Hier findet die Prüfung des Bewerbers statt. Es werden Fragen in folgenden Bereichen gestellt: Biographie, Fachlichkeit, Methodenkompetenz, Sozialverhalten, Vorstellungen und Zielen.

Informationen über Tätigkeit und Aufgabengebiet: Hier wird auch erwartet, dass der Bewerber Fragen stellt.

Gesprächsabschluss und weiteres Vorgehen: Ob Sie die angestrebte Position bekommen, ist ungewiss. Sorgen Sie deshalb dafür, dass Ihnen das Bewerbungsgespräch einen unmittelbaren Nutzen stiftet. Stellen Sie in der Schlussphase beispielsweise folgende Fragen: Was hat Ihnen an meinen Bewerbungsunterlagen gefallen? Oder: Welche Erwartungen haben Sie an einen sehr guten Bewerber? Oder: Welche Rückmeldung können Sie mir über das Gespräch geben?

Bei wichtigen zu besetzenden Positionen sind meist mehrere Personen an dem Gespräch beteiligt, zum Beispiel Personalleiter, künftige Führungskraft des Bewerbers und eine Person, die im Aufgabengebiet der zu besetzenden Stelle kompetent ist.

Ein positiv verlaufendes Einstellungsgespräch erzeugt bei den Beteiligten eine angenehme Stimmung und führt möglicherweise zu einem erneuten Gesprächstermin. Bedanken Sie sich gegen Ende für das interessante Gespräch und erkundigen Sie sich nach dem weiteren Vorgehen.

Nach dem Bewerbungsgespräch

Das Einstellungsgespräch sollte von Ihnen im Anschluss systematisch analysiert werden. Folgende Fragen können Sie bei der Auswertung unterstützen:

1. Welche Struktur hatte das Bewerbungsgespräch?
2. Wie habe ich die Beziehungsebene zu meinen Gesprächspartnern aufgebaut? Wie habe ich dazu beigetragen, eine angenehme Gesprächsatmosphäre aufzubauen?

3. An welchen Stellen habe ich mit meinen Eigenschaften überzeugt und warum?
4. Welche Fragen wurden gestellt und wie habe ich geantwortet?
5. An welchen Stellen war ich mit meinem Verhalten nicht zufrieden?
6. Was möchte ich das nächste Mal besser machen?

Egal, ob Sie die gewünschte Position bekommen oder nicht. Für Ihre berufliche Entwicklung ist es wichtig, Ihre Bewerbungsstrategie durch jedes Einstellungsgespräch zu verbessern. Feilen Sie konsequent an Ihrem Gesprächsverhalten in der Bewerbungssituation.

7.4 Wenn der Arbeitsplatz unsicher wird

Wenn sich das Gefühl einstellt, dass der Arbeitsplatz und damit das Einkommen des Haushaltes gefährdet ist, erleben die Betroffenen meist eine erhebliche psychische Belastung. Das bisherige leben wird in seinen Grundfesten erschüttert, denn Verhalten, Kenntnisse und Beziehungen, die bisher den Lebensunterhalt sicherstellten, sind eventuell nicht mehr geeignet, um seine Ausgaben zu finanzieren. Wenn langjährige Mitarbeiter von der Unsicherheit betroffen sind, ist es für diese Personengruppe doppelt schwer, denn oft sind Qualifikationen nicht mehr zeitgemäß und die Menschen sind es nicht gewohnt, ihre Arbeitsleistung am Markt zu offerieren.

Die Betroffenen reagieren deshalb mit Lethargie, leugnen die Fakten und hoffen der Faktenlage zum Trotz, dass es irgendwie weitergehen wird. Durch dieses Verhalten nehmen Sie keinen Einfluss auf Ihre Lage. Finden Sie stattdessen heraus, warum sich die Unsicherheit bei Ihnen eingestellt hat. Drei Hauptquellen lassen sich dabei identifizieren, die ich kurz skizzieren möchte:

Unternehmerische Rahmenbedingungen

Es fehlen vielleicht Aufträge, weil sich das Kundenverhalten ändert. Kunden springen ab, weil ausländische Wettbewerber auf dem Markt aktiv werden. Reklamationen nehmen zu oder der Kunde ist nicht mehr bereit, den erforderlichen Preis zu zahlen. Möglicherweise haben sich rechtliche Rahmenbedingungen geändert, die das Unternehmen zwingen, aufzugeben oder Teile der Produktion ins Ausland zu verlagern.

Innerbetriebliche Schwierigkeiten

In manchen Bereichen der Wirtschaft ist die Zahlungsmoral gelinde gesagt katastrophal. Gleichzeitig arbeiten gerade kleinere und mittelständische Unternehmen mit einem sehr kleinen Kundenstamm. Sollte einer dieser Kunden ins Straucheln kommen, reißt er viele seiner Lieferanten mit. Außerdem ist die Liquidität oft angespannt und die Refinanzierungsmöglichkeiten meist eingeschränkt. Deshalb droht auch bei profitablen Unternehmen das Aus durch Zahlungsunfähigkeit.

Oft wird die Unsicherheit am Arbeitsplatz auch durch einen Wechsel der Führungskraft ausgelöst. Was der alte Chef gut fand, kritisiert der neue. Das raubt den Mitarbeitern Orientierung und Sicherheit. Hier gibt es nur einen Weg: Kommen Sie mit Ihren neuen Führungskräften über solche Veränderungen ins Gespräch. Nur so lässt sich eine vertrauensvolle Zusammenarbeit auf Dauer herstellen.

Fusionen, Übernahmen oder Generationswechsel in Familienunternehmen bringen auch Zeiten, in denen erhebliche Dynamiken auf das Unternehmen und seine Mitarbeiter wirken. Das Personal stellt sich viele Fragen bezüglich des Unternehmens, die nicht zufriedenstellend beantwortet werden, zumal die Informationspolitik der Leitenden nicht immer ausreichend ist.

Eigene Leistungen

Viele Menschen leiden unter den hohen Anforderungen, die an sie gestellt werden. Sie fühlen sich nicht in der Lage den Erwartungen dauerhaft zu genügen. Wenn dann auch noch auf Fehler mit Bloßstellungen reagiert wird, geht die Freude an der Arbeit verloren.

Außerdem reagiert oft das private soziale Umfeld auf zu viele Überstunden und es stellen sich private Probleme ein. Der Mitarbeiter erlebt sich zwischen den Mühlsteinen; auf der einen Seite die beruflichen Anforderungen, denen es zu genügen gilt, auf der anderen Seite der drohende Zerfall des Privatlebens. Wenn diese Problemsituation eine Beeinträchtigung der Arbeitsleistung bewirkt, entsteht ein Teufelskreis, aus dem der Mitarbeiter nicht selbst herausfindet.

Zusätzlich verschärft sich das Leistungsproblem in Bereichen, die sehr innovativ sind. Beispielsweise Steuerberater oder Rechtsanwälte brauchen sehr viel Zeit, um fachlich auf dem Laufenden zu bleiben. Das Arbeitspensum nimmt jedoch gleichzeitig eher zu als ab.

In der Praxis werden es oft mehrere Quellen sein, aus denen die Unsicherheit bezüglich des Arbeitsplatzes gespeist wird. Zur Bewältigung der Situation bietet sich folgendes Vorgehen an:

1. Schritt: Analyse der Situation

Besinnen Sie sich auf Ihre Qualitäten und analysieren Sie die Situation kritisch. Sollten Sie Schwierigkeiten dabei haben, von der Situation ein klares Bild zu bekommen, ziehen Sie unbeteiligte zurate.

2. Schritt: Maßnahmenplan

Was können Sie tun, um die Situation zu verbessern? Suchen Sie das Gespräch mit Ihrer Führungskraft. Vielleicht lassen sich gemeinsam Maßnahmen erarbeiten, um die Krise abzuwenden.

3. Schritt: Netzwerk aktivieren

Nutzen Sie Ihr Netzwerk in zwei Richtungen. Zum einen können Sie das Netzwerk aktiven, um Anregungen zu bekommen, durch die die betriebliche Situation besser bewältigt werden kann. Oft haben unbeteiligte Außenstehende kreative Ideen, auf die die Organisationsmitglieder nicht kommen. Zum anderen kommunizieren Sie Ihre eigene berufliche Situation und den Wunsch, sich gegebenenfalls zu verändern. Gepflegte Kontakte sind in dieser Situation Gold wert.

Nutzen Sie Ihre Kontakte frühzeitig, doch überstürzen Sie nichts. Unternehmerische Schieflagen kündigen sich meist im Vorfeld an. Das verschafft Reaktionszeit und ermöglicht überlegtes Handeln. Wer vorher seine Hausaufgaben gemacht hat, kann auch in Zeiten der Unsicherheit gelassen bleiben und richtige Entscheidungen treffen.

7.5 Die letzten beiden Wochen im Unternehmen

Sollte es zu einer Kündigung eines Arbeitsverhältnisses kommen, ist es für beide Seiten wichtig, die Gründe dafür zu erfahren. Nur wer weiß, warum sein Gegenüber die Zusammenarbeit aufkündigt, kann seine Strategien im Umgang miteinander verbessern. Liegt der Grund für die Kündigung beispielsweise im Verhalten des Mitarbeiters, sollte er diesen in Erfahrung bringen, denn nur so kann er beim nächsten Arbeitgeber seine Verhaltensweisen verändern.

Lassen Sie sich ein detailliertes Arbeitszeugnis ausstellen und prüfen Sie die Codierung der Bewertungen professionell. Lassen Sie sich gegebenenfalls dabei unterstützen.

Die letzten beiden Wochen im Unternehmen

Der letzte Eindruck ist der bleibende. Deshalb ist es wichtig, sich einen Abgang zu verschaffen, der karrieredienlich ist. Häufig hat man weiterhin miteinander zu tun, weil die Branche klein ist oder man zu einem Kunden oder einem Lieferanten des bisherigen Arbeitgebers wechselt.

Berücksichtigen Sie die nachfolgenden Anregungen, um bei Ihren Kollegen, Mitarbeitern und Vorgesetzten in guter Erinnerung zu bleiben:

Schließen Sie Ihre Aufgaben gewissenhaft ab und übergeben Sie den unbearbeiteten Teil sorgfältig an Ihren Nachfolger. Vielleicht ist es auch erforderlich, Ihren Nachfolger bei dem einen oder anderen Kunden einzuführen. Ebnen Sie ihm kollegial den Weg. Damit machen Sie auch beim Kunden einen professionellen Eindruck.

Dokumentieren Sie Ihren Aufgabenbereich. Vielleicht ist ein Kollege oder ein Vorgesetzter bereit, Ihnen ein persönliches Empfehlungsschreiben zu verfassen. Solche Empfehlungen lassen sich in Bewerbungsunterlagen nutzen, um sich von Mitbewerbern abzugrenzen. Vielleicht können Sie auch einem Kollegen oder einem Mitarbeiter ein Empfehlungsschreiben geben.

Führen Sie anerkennende Gespräche mit den Menschen, mit denen Sie zusammengearbeitet haben. Stellen Sie die guten Seiten in den Vordergrund und kündigen Sie an, dass Sie weiterhin auf privater Ebene Kontakt halten wollen. Integrieren Sie diese Personen in Ihr Netzwerk und halten Sie locker Kontakt über das Arbeitsverhältnis hinaus.

Bedanken Sie sich bei Vorgesetzten für die gemeinsamen Jahre. Berücksichtigen Sie insbesondere auch die Karrierementoren. Lassen Sie sich Rückmeldungen geben und geben Sie anerkennende Rückmeldungen, wenn Sie dazu aufgefordert werden. Zu beiden Gruppen sollten Sie gezielt Kontakt halten. Sie können wichtige Ratgeber sein, die zukünftig außerhalb Ihres Unternehmens sitzen.

Über den beruflichen Wechsel sollten Sie auch Ihr Netzwerk informieren. Teilen Sie Ihre geänderte Erreichbarkeit mit und zu welchem Unternehmen Sie wechseln oder welche Stellung Sie suchen.

Schlussbemerkung

Sie haben viele nützliche Anregungen und Strategien erhalten, um Ihre Positionierung in Ihrem Unternehmen oder Ihrer Verwaltung aktiv zu beeinflussen. Diese beruhen auf meinen eigenen Erfahrungen, denen meines Trainerteams und meiner Teilnehmerinnen und Teilnehmer. Sie haben Werkzeuge kennengelernt, um Ihr Selbstmarketing zu verbessern und Kontakte aufzubauen, zu pflegen und zu nutzen. Sie haben Wege beschritten, Ihre Präsentationsfähigkeiten zu veredeln, souverän zu sein und schlagfertig zu reagieren. Sie können Kollegen, Führungskräfte und Karrierementoren nutzen, um Ihre Karriere zu beflügeln. Und Sie haben Anregungen zu Situationen erhalten, die besonders karrierewirksam sind. Jetzt sind Sie an der Reihe, die Inhalte in Ihrer Praxis zu erproben und dauerhaft darin einfließen zu lassen.

Am Ende des Buches gestatten Sie mir noch ein paar abschließende Denkanstöße zur Karriere und beruflichen Erfolg.

1. Dauerhaft wird nur derjenige berufliche Erfolge feiern, der auch anderen berufliche Erfolge ermöglicht.
2. Geben Sie der eigenen fachlichen und persönlichen Entwicklung genügend Raum in Ihrem Leben.
3. Berücksichtigen Sie, dass es außerhalb des beruflichen Lebens noch andere Lebensbereiche gibt, die einen Anspruch darauf haben, gelebt zu werden.
4. Zeit ist wichtiger als Geld.
5. Genießen Sie Ihre Erfolge und teilen Sie diese mit anderen.

Schlussbemerkung

6. Entwickeln Sie nicht dauerhaft einen Lebensbereich überproportional auf Kosten eines anderen.

7. Achten Sie auf genügend Bewegung und gesunde Ernährung, um dauerhaft leistungsfähig zu sein.

Ich wünsche Ihnen viel Motivation und Erfolg bei der Umsetzung der Empfehlungen und Tipps. Schreiben Sie mir Ihre Erfahrungen in der Umsetzungsphase. Ich bin sehr gespannt auf Ihre berufliche Entwicklung und freue mich auf diesem Wege nicht nur zu säen, sondern auch zu sehen, wie Sie beruflich wachsen.

Abbildungsverzeichnis

Abbildung 1: Grafische Darstellung des Unternehmens 26

Abbildung 2: Kosten und Leistungen des Mitarbeiters 31

Abbildung 3: Schnittmenge von Fähigkeiten und Anforderungen als Nutzen des Unternehmens 34

Abbildung 4: Mitarbeiter ist überfordert, ungeeignet oder falsch eingesetzt 35

Abbildung 5: Mitarbeiter ist unterfordert 37

Abbildung 6: Fähigkeiten des Mitarbeiters entsprechen den Anforderungen zum Nutzen des Unternehmens 38

Abbildung 7: Karte einer Netzwerkkartei 50

Abbildung 8: Assoziationskette mit Rückgriffen 55

Abbildung 9: Zu hohe Erwartungen erzeugen Widerstand 75

Abbildung 10: Sicher wirken durch den Einsatz der Sprache 91

Abbildung 11: Mentales Training zum Abbau von Lampenfieber 101

Abbildung 12: Nutzung rhetorischer Fragen als Blackout-Technik 108

Abbildung 13: Umgang mit Störern in acht Stufen 115

Abbildung 14: Schlagfertige Reaktionen berücksichtigen die Umwelt und die eigenen Ziele 118

Abbildung 15: Aktiver und passiver Wortschatz 154

Abbildung 16: Vorderseite einer Karte aus der Einwandkartei 159

Abbildung 17: Rückseite einer Karte aus der Einwandkartei 159

Abbildung 18: Projektorganisation 174

Tabellenverzeichnis

Tabelle 1: Ist-Analyse der eigenen Kompetenzbereiche 15

Tabelle 2: Persönliche Einstellungen zum Selbstmarketing 17

Tabelle 3: Checkliste zu Kontaktaufbau und -pflege 19

Tabelle 4: Checkliste zu Ihren Präsentationsfähigkeiten 20

Tabelle 5: Checkliste zur eigenen Schlagfertigkeit 21

Tabelle 6: Unterscheidung Aufgaben Typ A und Typ B 32

Tabelle 7: Trends 43

Tabelle 8: Aufhängerliste ermöglicht das Knüpfen von Kontakten ... 72

Tabelle 9: Übertrumpfen des Gesprächspartners 77

Literaturverzeichnis

DAHMS, MATTHIAS; Motivieren – Delegieren – Kritisieren, Die Erfolgsfaktoren der Führungskraft, Gabler Verlag, Wiesbaden, 2008

DAHMS, MATTHIAS/DAHMS, CHRISTOPH; Die Magie der Schlagfertigkeit, Dahms Privatinstitut GmbH, Wermelskirchen, 2004

DOPPLER, KLAUS; Der Change Manager, Campus Verlag, Frankfurt am Main, 2003

FERSCH, JOSEF; Erfolgsorientierte Gesprächsführung, Gabler Verlag, Wiesbaden, 2005

LAY, RUPERT; Führen durch das Wort, Ullstein Verlag, Berlin, 2006

MARTENS, JENS U.; Die Kunst der Selbstmotivation, Verlag Kohlhammer, Stuttgart, 2005

SCHÄREN, MANUELA; Führen von Führungskräften, VDM Verlag Dr. Müller, Saarbrücken, 2007

SPRENGER, REINHARD K.; Das Prinzip Selbstverantwortung, Wege zur Motivation, Campus Verlag, Frankfurt am Main, 2002

WIELENS, HANS; Raus aus der Führungskrise, Verlag Kamphausen, Bielefeld, 2006

Der Autor

Matthias Dahms, Diplom-Ökonom, wurde 1965 als Sohn eines Familienunternehmers geboren. Der gelernte Bankkaufmann studierte Wirtschaftswissenschaften in Wuppertal und Personalentwicklung in Kaiserslautern. Er ist seit 1990 als Führungstrainer und Karriere-Coach tätig.

Seit 2002 leitet er die systemisch ausgerichtete Trainings- und Beratungsgesellschaft project and change in Leingarten bei Heilbronn. Zu seinen Kunden zählen Unternehmen, öffentliche Verwaltungen und Schulen. Seine Erfahrungen und Empfehlungen stammen aus der Arbeit mit über 25 000 Teilnehmerinnen und Teilnehmern.

Mit seiner Familie wohnt er in Leingarten.

Kontakt erhalten Sie über seine Webseite:

www.karrierebrauchtkommunikation.de.

Stichwortverzeichnis

Abbrechen 73
Abhängigkeit 30
Ablehnen 136
80/20-Regel 30
Aktivierungsenergie 64
Allgemeinwissen 69
Anforderungen 34
Angriffe 157
Arbeitsplatz 191
Argumentation 121
Atemtechnik 103
Aufhängerliste 72

Bewerbungsgespräch 188
Beziehungsqualität 131
Blackout 105
Blickkontakt 97

Checkliste 16
Chef 58, 164

Dankbarkeit 80
Definition 141
Delegieren 41
Dramaturgische Pause 106

Eigener
   Personalentwickler 171
   Einstiegsthema 52, 63
   1:1-Spiegel 145
Einwände 156
Einwandkartei 158
Engpassfähigkeiten 39
Erstkontakt 51
Erwartungen 75

Fachwissen 28
Förderer 22
Führung 161
5D-Spiegel 147

Gebote 61
Gehaltsverhandlung 181
Gesprächsbereitschaft 62
Gesprächslücken 55
Gesprächsverhalten 180
Gestik 95
Guter Erzähler 70

Haltung 93
Hemmungen 51

Informationsvorsprung 103

Karrierehebel 175
Karrierekommunikation 13
Karrierementoren 165
Karriereplanung 25
Klettenverhalten 78
Kompetenzen 14
Kontakte 19, 45
Kritikgespräch 187

Lampenfieber 98

Marketing 25
Mehrwert 26
Mentales Training 101
Mimik 96
Mitarbeitergespräch 186
Mut 149

Nein 136
Netzwerk 45
Netzwerke im Internet 79
Netzwerkkartei 50
Netzwerkparty 49

Öffentlichkeitsarbeit 178
Outfit 98

Plan-B-Strategie 99
Positivkarte 96
Präsentationen 85

Querschnittsaufgaben 173

Rhetorische Frage 107

Schlagfertigkeit 117
Selbstmarketing 16, 25
Sicheres Auftreten 89
Sprache 90
Startphase 86
Stimmung 23
Störer 111
Störungen 111
Stresshormone 104
Sympathieträger 100

Team 166
Techniken der
    Schlagfertigkeit 120
Trends 43

Übergehen 139
Übertrumpfen 77
Umdefinition 142
Umgang mit Störern 111

Verbandsarbeit 177
Verbote 74
Verschieben 139

Wortschatz 153
Wortschatztraining 155
Zuversicht 23

Printed in Poland
by Amazon Fulfillment
Poland Sp. z o.o., Wrocław